JN173625

ことばの科学

東京言語研究所開設 50 周年記念セミナー

西山佑司・杉岡洋子［編］

影山太郎
高見健一
窪薗晴夫
三宅知宏
嶋田珠巳
髙橋将一
大堀壽夫

開拓社

まえがき

　ことば，とりわけ母語はわれわれにとっていわば空気のような
ものであり，通常，その存在すら意識しないのがふつうです。し
かし，ことばの存在を意識し，ことばについてあれこれ考え，そ
の中身に探りをいれようとする試みは古くから数多くありまし
た。実際，ことばについての"メタ的な"思索はプラトン，アリ
ストテレスの時代からデカルト，フンボルト，ヴィトゲンシュタ
インを経て，クワインに代表される現代哲学者に至るまで多々あ
り，そのなかには人間言語の本質を顕わにするような注目すべき
見解もすくなからず登場いたしました。ただ，ことばについての
思索を，「言語学」という体系的な学問の地位にまで高めたのは
なんといっても 20 世紀初頭のソシュールです。ソシュール以来，
体系としての言語学は急速に発展し，構造言語学を経て，チョム
スキーの生成文法理論，そして認知言語学へとつながり，今日に
至っています。周知のように，ソシュールもチョムスキーも，特
定の具体的な言語現象そのものに関心を示すのではなく，多様な
言語現象の背後に存在し，それを支配している目に見えない原理
や法則を探り，その原理や法則でもって現実の言語現象を説明し
ようとする"科学的方法"をとっていたといえるでしょう。

　ただ，ソシュールとチョムスキーでは，言語学の研究対象に対する存在論的意味づけがおおきく異なっていました。ソシュールの有名なテーゼ，「言語は形相（forme）であって実質（substance）ではない」や「言語には差異（différence）しかない」がいみじくも物語っているように，ソシュールにとって言語なるものは，どこまでも形相であって，物質的なもの（実質），たとえば脳の神経機構に還元できるような自然的対象（natural objects）とは無縁でした。その意味で，ソシュールにとって言語学は科学といっても，自然科学にはなじまないものであったといえます。一方，チョムスキーは「言語学は，心理学の一部分であり，究極的には人間の生物学である」ということを主張したことで有名ですが，この主張が示唆しているように，チョムスキーにとって言語なるものは，あくまで，I-language（内在化された言語）と呼ばれる人間の脳のなかに物理的メカニズムとして実在する実質であり，その限りで自然的な対象にほかなりません。このように，チョムスキーは言語を自然的対象とみなすところから，物理学などに見られる自然科学と同じ方法論――つまり，反証可能な形で明示的に述べられた仮説を提示し，それをデータによって検証していこうとするモデル理論的な方法論――を言語学にも適用すべきだと考え，またそれを実践してきました。より具体的には，「人間言語はなぜ，現にあるような構造と機能を有しているのか」というWhy-question を立て，この問いに対してどこまでも原理に裏付けられた形で答えようとする試みである，ともいえます。もっと

も，ここは議論の多いところで，言語学が科学であることを認めた上でも，言語学に自然科学の方法論をそのまま適用することを躊躇する言語学者もすくなくありません。

このような論争に接したとき注意すべきことは，「科学」なるものをどう理解するかです。今，人間について科学的に探求する学問，つまり，「人間科学」なるものが仮りにあったといたしましょう。それは，人間が示す多種多様な振る舞いや心的状態を，その背後にある原理や規則に照らして，どこまでも科学的に，つまり，反証可能な形で明示的な術語で説明しようと試みるものです。現代の医学，生理学，心理学，あるいは精神科学の一部は，そのような人間科学の理論構築にある程度貢献しているといえるかもしれません。しかし，そのような人間科学は，人間についていったいどこまで解明してくれるでしょうか。そのような人間科学は，人間存在の本質をえぐるようなことを深いレベルで浮き彫りにしてくれるでしょうか。答えは YES and NO であると思います。あるひとは，「人間についてのこの種の科学的知識をどんなに集めたところで，「人間とは何か」についてはなにもわからないよ。むしろ，偉大な文学作品や素晴らしい絵画や音楽，あるいは感動的な映画に接するほうが，人間についてはるかに深く学ぶことができるよ」と言うかもしれません。たしかにその通りです。このことは人間という複雑な存在について，その本質にアクセスする仕方は，かならずしも科学が唯一の方法でないことを示唆しています。もとより科学は万能でもなければ，世界存在の本

質を理解するための唯一の方法でもなんでもありません。実際,人間存在の本質理解については,文学や芸術という,科学とはあきらかに異なる分かり方があり,まさにその点にこそ文学や芸術の価値があると考えることは正しいと思われます。さらに,これまで近代科学によって説明できたこと,そして将来説明可能であるように思われることは,世界存在のなかのきわめて限られた部分でしかないということ,そしてむしろ世界存在の多くの部分は科学によっては原理的に説明されえぬままに残されているという事実も認めなければならないと思います。しかし,ここで注意すべきことは,そのことは,「人間を正しく理解しようとする際,人間についての科学的な探求やそこから得られた知見に価値がない」ということをなんら意味しないという点です。むしろ,人間についての科学的な知見は,「人間とは何か」という問いを一挙に解決するような答えは提供できないかもしれませんが,この問いに対して部分的とはいえ,足が地についた答えを提供してくれるという事実を否定するわけにはいきません。

　言語学についても同様です。ことばを科学的に研究するということは,ことばに内在する目に見えない糸を1本,1本たぐっていくことによって,人間の頭のなかにある心的メカニズムを解明しようとする試みです。そのような科学としての言語学の営為は,それが「ことばについて理解する唯一の方法」というわけではけっしてありませんが,やはり人間言語の本質に迫ろうとする重要な試みであることは否定できないでしょう。

　本書の目的は,「ことばの科学」なるもののさわりを示すことによって,ことばを科学することの喜びと重要性を読者の皆さんと共有し,言語科学の世界へ皆さんを誘うことにあります。本書所収の論文は,いずれも,2016 年 9 月に開催された東京言語研究所開設 50 周年記念セミナーにおける講演内容が基になっております。

　東京言語研究所は,1966 年 3 月,言語学者,服部四郎先生(1966 年当時,東京大学教授)の構想により,ラボ教育センター支援のもとに開設されました。服部先生は,日本において言語学の基礎的な研究と基本的な教育が急務であるにもかかわらず,当時の日本の大学には,そのシステムの制約上,満足のいく教育体制が存在しないことに強い危機感をもたれました。さらに,服部先生は,言語学という学問は,文系の学生ばかりでなく,理科系の学生にとっても重要なのだということを強調されました。そこで,学歴,年齢を問わず大学の枠を超えて,才能ある人びとに言語学の重要性と面白さを認識させようとされ,そのためには開かれた教育体制を有する研究所の創設が必要だと考えられました。この構想のもとに設立された東京言語研究所は,1966 年より今日まで一度も休むことなく開催されてきた理論言語学講座を活動の中核に据え,さまざまな活動をおこなってきました。たとえば,開設して間もない時期,毎年の夏に開かれた理論言語学国際セミナーは,ノーム・チョムスキー(1966 年)やローマン・ヤーコブソン(1967 年)をはじめとする国際的に第一級の言語学者

を招聘して，10日間程度，言語学セミナーを開くというもので
ありましたが，これは単なる講演会ではなくて，招聘外国人学者
と日本の言語学者がともに専門レベルでの討論をするという画期
的な試みとして学界の注目を浴びました。東京言語研究所はその
後も，公開講座，集中講義，春期講座，夏期講座，ワークショッ
プ，研究ジャーナルや論文集の公刊などの幅広い活動を通して，
日本における言語学の研究と教育の一翼を担ってきたといえま
す。（現在の理論言語学講座をはじめとする東京言語研究所の各
種企画の詳細については http://www.tokyo-gengo.gr.jp/ をごら
んください。）

　この東京言語研究所が，2016年度に，開設50周年という重
要な節目を迎え，それを記念する主要行事として，9月3日，4
日の両日，国立オリンピック記念青少年総合センターにおいて記
念セミナーを開催いたしました。

　本書の第Ⅰ部は，この記念セミナーの初日（9月3日）におこ
なわれた「日本語はどのような言語か――内から見た日本語，外
から見た日本語」という公開シンポジウムにおける講演内容が基
礎になっております。よく言われることですが，日本語研究に
は，大きく分けて2つの視点があります。ひとつは，日本語と
いう言語を内側から深く掘り下げ，その特徴を明らかにしようと
する試みです。もうひとつは，日本語の特性を世界のさまざまな
言語との比較をとおして外から考えるものです。これら2つの
視点，つまり，「内から見た日本語」と「外から見た日本語」はも

ちろん両立するものであり，両方のアプローチによる研究成果を通してこそ日本語研究が深まり，さらに「人間言語とは何か」という言語学の究極の問いに対しても日本語研究を通して意義深い貢献ができることはいうまでもありません。このシンポジウムでは，このような観点から日本語のさまざまな側面について，影山太郎氏，ジョン・ホイットマン氏，高見健一氏に，それぞれ専門の立場で論じていただきました。本書では，それらのうち，影山氏と高見氏の講演に基づく論文が収録されています。（残念ながら，ホイットマン氏の講演「日本語とその類型論的親戚」は本書に収めることがかないませんでした。）

　本書の第 II 部は，記念セミナーの 2 日目（9 月 4 日）におこなわれた 5 名の講師，つまり，窪薗晴夫氏，三宅知宏氏，嶋田珠巳氏，高橋将一氏，大堀壽夫氏によるリレー講演「ことばの科学──将来への課題」に基づいております。これらの講師の方々は，いずれも東京言語研究所の理論言語学講座に関わっている方ですが，言語学の各専門領域（音韻論，日本語学，社会言語学，生成文法，認知言語学）の最先端で活躍しておられる方ばかりです。各講師に，その研究の現状と将来への展望をわかりやすく話していただきました。なお，当日は，これらの各講演にたいして，上野善道氏，大津由紀雄氏によるコメントがあり，またそれに基づいた討論もありましたが，そのときの討論内容は，本書の各原稿のなかに反映されているはずです。

　本書の編集には，50 周年の節目の年に東京言語研究所運営委

員長の職にあった西山佑司と，開設 50 周年記念事業実行委員長
であった杉岡洋子があたりました。開拓社の川田賢氏から，この
2 日間の 50 周年記念セミナーの内容を書籍化するという提案を
いただいたことは記念セミナー主催者として望外の幸せでありま
した。そして，川田氏には，本書の企画段階から刊行に至るあら
ゆる過程で多大なご尽力をいただきました。心よりお礼申し上げ
ます。また，貴重な時間をさいて，執筆にあたってくださった記
念セミナーの講師の方々には心より感謝いたします。東京言語研
究所は公益財団法人ラボ国際交流センターの支援の下に運営され
ています。本書の刊行がこのような形で可能となったのもラボ国
際交流センターのご理解とご協力のおかげです。とりわけ，同セ
ンターの杉沢智子さんの絶え間ない細やかなご助力に対して，心
から感謝の意を表します。

　本書が今世紀の次の世代の言語学のあるべき姿を真剣に考える
ための貴重な資料となることを心から願っております。

2017 年 4 月 20 日

編者　西山　佑司

杉岡　洋子

xii

第 II 部　ことばの科学
―将来への課題―

第 I 部

日本語はどういう言語か

内から見た日本語，外から見た日本語

第 1 章

複合語の小宇宙から日本語文法の大宇宙を探る

影山　太郎

国立国語研究所

1. はじめに

　東京言語研究所創設 50 周年記念シンポジウムのテーマは「日本語とはどのような言語か」でした。言語学の基礎からすると，「日本語は膠着語である」というのが 1 つの解答かも知れません。しかし，「膠着」という概念そのものが専門家にも正確にわかっていないのが実状だと思われます。本章ではこの膠着性という概念を出発点として，日本語の特徴を複合語の観点から探ってみます。

　膠着語（あるいは膠着型言語）というのは，1800 年代からヨーロッパの言語学者によって提唱されてきた言語類型の方法で，世界の言語を歴史的な系統ではなく，文における単語の構成のしかたに着目した分類です。孤立語は，中国語やベトナム語のように

ひとつひとつの単語が語尾変化なしにそれだけで成り立つ言語で，たとえば中国語の動詞「来」は過去・現在の時制語尾がなくても，それだけで成立します。また，主語や目的語になる名詞も単独で生起し，「が」や「を」のような標識はくっつきません。屈折型はヨーロッパ言語が代表的で，名詞や動詞，あるいは形容詞に格・数・性・時制を表す語尾がくっつき，grow の過去形 grew のように元の単語と文法的概念が一体化することもあります。

　膠着語は，単語に文法的な語尾をくっつける点で屈折型と似ていますが，単語の後にたくさんの文法的語尾が整然とならびます。たとえばトルコ語で adam は「男」という意味の名詞（単数，主格）ですが，それが複数になると，語尾 lar が付いて adam-lar となり，adam（単数）あるいは adam-lar（複数）の後にさらに「を」「に」「から」といった格助詞に相当する概念を表す語尾が続き，結果として，単語あるいは文法的な形態素が長く連続することになります。トルコ語などと同様に，日本語も膠着型であるというのが伝統的な見方です。名詞の場合，「男」のあとに「たち」が付いて「男たち」となり，さらにその後ろに「が」が付くと，「男たちが」となります。動詞も同様に，土台となる語幹（tabe- や tob-）の後に「る」あるいは「た」が付いて，「食べた」，「飛んだ（tob-ta → ton-da）」のように拡大していきます。さらに複統合型（polysynthetic）と呼ばれるタイプの言語では，動詞語幹の後ろに時制などが付くだけでなく，その前に主語や目的語に

対応する名詞の文法情報もくっついて非常に長い動詞を形成し，あたかもその動詞がひとつのセンテンスを表すような形態を呈します。

　注意しなければならないのは，上述の分類方法は 1 つの言語をいずれかのタイプに判然と割り振るものではないということです。英語は最も古い時代には，典型的な屈折語として動詞だけでなく名詞と形容詞も語尾屈折をしていたのですが，中世のころに名詞と形容詞は語尾を失いました。その結果，現在では少なくとも主語と目的語の名詞は孤立語的な性格を帯びています。このように「○○型言語」という言い方は程度問題で，ひとつの言語が特定の言語タイプの特徴を 100％備えているとは限りません。

　本章では，通説とは異なり，日本語という言語は完全な膠着型言語ではなく，動詞（述語）に係わる部分は膠着性が強いのに対し，名詞（項）に係わる部分は膠着性が弱い（ほとんどない）ことを明らかにします。膠着性の強弱という考え方の妥当性を裏付ける根拠として，いろいろな種類の複合動詞を取り上げます。

　本章のねらいは，「日本語はどのような言語か」という質問にひとつの答えを示唆することが第一ですが，もうひとつ，副次的なねらいは，言語の分析のしかたと発見のおもしろさを読者に感じ取ってもらうことです。学問は宇宙の森羅万象を研究対象とするわけで，文系・理系を問わずどの分野の研究も，おそらく1980 年代中頃から急速に進展した研究の流れにのって，ひとつの事象を「狭く，深く」掘り下げるという方向で進んできました。

この「縦割り式」の研究の結果として，学問の各分野が極端に細分化され専門化されたために，現在では，一人の研究者にとっては，自分の直接の研究分野は知識が豊富であっても，関係するはずの他の分野はほとんど知らないという弊害が出ているように見受けられます。日本語文法は研究し尽くされたと言う人がいるようですが，それは個々の狭い分野を見ているだけで，日本語という巨大で無限の宝庫の全体像を把握したというわけでは決してないでしょう。一見，研究し尽くされたように見える現象でも，切り口（分析方法）を新しくしたり，あるいは，複数の関連分野を統合・融合して扱ったりすることで，従来の縦割り式の研究では見えなかった全体像の本質がより深いところで見えてくるのではないか——言い換えると，従来の狭くて深い諸分野を横断的に綜合し融合することで，新しい研究が生まれる——と考えられます。

2.　動詞領域と名詞領域に見られる膠着性の非対称性

『国語学大事典』（東京堂，1980 年）は，「言語類型論」（小泉保執筆）の項で膠着語について「語中で内容 M と関係 R の部分が識別できる言語。実質的意味を表す独立の単語あるいは語幹に文法的意味を表す付属的形式が接合される。」と説明しています。この定義では「接合」という意味がはっきりしませんが，おそらく形態的に密着しているという意味であると捉えられます。この規定を次のような連鎖に当てはめて考えてみましょう。

(1) a.　動詞の領域

　　　　食べ‐させ‐られ‐ない

　　 b.　名詞の領域

　　　　父‐の‐携帯‐から‐が

このうち動詞を軸とする（1a）の連鎖は，全体として不可分の一
語を構成していると見なせます。なぜなら，次の（2a）のように，
区切れの部分に「だけ」など副助詞を挿入することができないか
らです。ところが，名詞を軸とする（1b）の連鎖に副助詞の挿入
を当てはめると，（2b）のように，区切れの部分に副助詞が入る
可能性があることがわかります。

(2) a.

　　 b.

（2a）ではどの位置にも「だけ」を入れることができませんが，
（2b）ではどこにでも入れられます（ただし，「父のだけ」となる
と「父のもの（だけ）」という意味になるので，何らかの理由によ
り，「の」の後ろには付かないと言うのが正確でしょう）。（2a）
と（2b）の対比は，動詞（語幹）に続く形態素の連鎖と名詞に続
く形態素の連鎖では構造が異なることを物語っています。一般
に，単語というのは，文法的な要素によって間を分断されないと

いう普遍的な性質（語の形態的緊密性）を持っていますから，副助詞を割り込ませることができない（1a）の連鎖は全体が一語になっているのに対して，副助詞の割り込みが可能な（1b）の連鎖は一語になっていないと結論づけることができます。

　日本語文法の研究者の間では格助詞の形態論的な扱いが古くから問題となっています。簡単に言えば，「山が」は1語か2語かという問題です。近年は格助詞を名詞に付く接語（clitic）とみなし，yama＝ga, yama＝kara のように名詞と格助詞の間を＝記号でつなぐ表記が言語類型論や方言研究の一部に広まっています。しかし，もし格助詞が接語なら，前の名詞に音声的にくっつきますから，（2b）のように分断することは不可能なはずです。これに対して，服部（1950）は，格助詞や副助詞を「附属語」と分析しました。服部の考え方では，附属語というのは「日本的」の「的」や「優しさ」の「さ」，あるいは「食べた」の「た」のように形態的・音声的に前の語と一体化する附属形式（この場合は接尾辞）と異なり，前の要素には接合せず，統語的な構造において独立した要素を指します。服部（1950）は，格助詞が独立性を持つ附属語であることを，次のような例で証明しています。

（3）　この種の問題（それについては後に再び詳しく論ずるが）を取り扱う。

（3）の例では名詞「問題」とそれに後続する格助詞「を」の間に丸括弧の挿入語句が入っています。このような挿入語句は接尾辞

（服部の附属形式）の前では明らかに不可能です。「日本的」に対して「*日本（ニホンともニッポンとも読む）的」のような言い方はできません。ちなみに，韓国語で「が」や「を」にあたる語尾は前の名詞と分断できないので，その点で韓国語は動詞の領域だけでなく名詞の領域でも膠着性が高いと言えます。

　さて，服部論文は本文では「附属語」という用語を使っているものの，英文要旨では「附属語」を "clitic" と訳しています。その結果，「附属語」を「接語（clitic）」と同義であると捉える（誤った）考え方が広まったようです。英語で clitic というと所有格 's が代表的で，これは [John]'s のように 1 単語に付くだけでなく，[the man who is standing there]'s wife のように複雑な名詞句にも付きます。後者では 's は直前の there と音声的に一体化しますから，there と 's の間に何か要素を挟み込むことは不可能です。その点，日本語の格助詞は先行する名詞との間に副助詞や挿入句を挟み込むことができるため，前の名詞と音声的に一体化していませんから，clitic ではないと結論づけることができます。

　この点を明確に示したのは Vance（1993）で，そこでは Zwicky and Pullum が設定した clitic の詳細な特徴（判別方法）を用いて日本語の格助詞の性質を分析し，日本語の格助詞は clitic ではなく，服部（1950）の言う「附属語」であると結論づけました。その際，Vance は「附属語」を clitic ではなく，"non-independent word"（それ自体では単独で用いることのできない単語）と訳しました。

　では，日本語で接語（clitic）とはどのような形態素を指すので
しょうか。ひとつ考えられるのは，「ながら」のような動詞連用
形に後続する従属接続形式です。

　　(4)　［寿司を　食べ，酒を　飲み］ながら

(4) の「ながら」は，統語的・意味的には「寿司を食べ，酒を飲
み」という節全体にかかるものの，音声的には直前の「飲み」に
くっついています。その証拠に「飲み」と「ながら」の間に何ら
かの挿入句を入れることはできません。このように接語（clitic）
は統語的には句や節に付くという点で，ある程度の独立性は有す
るものの，附属語のように完全に自立する力はありません。

　以上をまとめると，拘束形態素には接尾辞（附属形式）＞接語
（clitic）＞附属語の3種類があり，左から右へと自立性が高まっ
てくると言えます。これまで挙げた例を見る限りでは，この3
種類の形式の違いは，動詞に付くか，従属節に付くか，あるいは
名詞に付くかというように，前に来る要素の性質──より広く言
うと，その部分が独立した文として成り立つかどうかという定形
（finiteness）の性質──と関連しているのではないかと推測できま
す。このことを (5) にまとめてみましょう。

　(5) の図式では，時制を有し独立した文として機能する性質を
「定形 finite」，時制などを伴わない名詞を「非定形 non-finite」，
そして，時制を持たないためそれだけでは独立文にならないけれ

(5)　finite（定形）の度合いと 拘束形態素の接合の度合い

時制付き文　➡️　従属節　➡️　名詞句

（finite）　　　（semi-finite）　　　（non-finite）

緊密に接合　　ゆるやかに接合　　接合していない

（接尾辞）　　　（接語）　　　　（附属語）

ど，項の取り方などの点でかなり文に近い性質を持つ従属節のようなまとまりを「準定形 semi-finite」とし，それらが定形の度合いにおいて段階的に並ぶと位置づけています。すなわち，(5) の図式からは，定形の性質が下がると（すなわち左から右へ行くほど），膠着性（形態的・音声的な接合）の度合いも下がるという相関関係が読み取れます。以下では，このことを複合動詞の生産性という観点から具体的に立証します。

3.　時制付きの複合動詞

　日本語には，時制付き（finite）の複合動詞として次の 2 種類があります。

A.　動詞連用形＋定形動詞
　　「呼び止める」や「降りかける」のように，複合語の前部も後部も動詞で構成されたもの。

B.　名詞＋定形動詞
　　「目覚める」や「指さす」のように，前部が名詞，後部は

動詞で構成されたもの。

　このうち，A タイプは動詞と動詞の組み合わせなので，述語の領域だけが関与します。複合語というのは 2 つの要素が形態的に接合したものですから，第 2 節で述べた述語領域での膠着性の強さからすると，このタイプの複合動詞は生産性が高いことが予想されます。他方，B タイプは動詞の前に名詞がくっついているため，述語の領域だけでは収まりきらず，名詞の領域にも立ち入っています。第 2 節で述べた名詞領域での膠着性の弱さからすると，B タイプの複合動詞は日本語では生産性が低いと予想されます。この 2 つの予想が的中していることは，A タイプと B タイプのそれぞれの複合動詞の数に著しい差異があることからわかります。

　まず，2 つの動詞を連ねた A タイプの複合動詞ですが，これについては非常に多くの研究文献があります。研究文献の豊富さはこの現象自体の生産性を物語っています。現在，普通に使われる複合動詞で一般の国語辞典に載っているもの（「語彙的複合動詞」と呼ばれている慣習化された組み合わせ）だけでも 3000 ぐらいあり，前部動詞（V1 と略記）と後部動詞（V2 と略記）の間の意味関係に着目して整理すると，大きく 2 種類に分類できます。

(6) a.　概ね「V1 テ V2」「V1 ナガラ V2」のように，V1 が
　　　　先，V2 が後の順番で言い換えられるもの
　　　　・動作の手段を表す：「踏みつぶす」＝踏んでつぶす

　　・原因・結果を表す：「歩き疲れる」＝歩いて疲れる

　　・動きの様態を表す：「流れ着く」＝流れて着く

　　・並行動作を表す：「泣き叫ぶ」＝「泣いて（泣きな
　　　がら）叫ぶ」

b.　上述（a）のように言い換えるのが難しいもの
　　出来事の展開の様子を表す：

　　・「降りしきる」≠「*降ってしきる」（適切に言い換
　　　えるなら，「しきりに（間断なく）降る」）

　　・「誉めちぎる」≠「*誉めてちぎる」（適切に言い換
　　　えるなら「最大限に誉める」）

とくに（6b）のタイプは世界的にも珍しく，日本語の特徴のひと
つとなります。「降りしきる」に関して言えば，上代日本語では
「降りしく」と並んで「しき降る」という形が記録されていて，現
代語と比べると逆転語順も可能だったように見えます。

　動詞連用形＋定形動詞というタイプには，（6）に例示したよう
な辞書に登録されているものだけでなく，「〜し始める，〜しか
ける，〜し続ける，〜しまくる，〜し尽くす」のように前部の動
詞に制限がなく，動詞の受身形や使役形，あるいは「動詞的名詞
＋する」などを包み込んでしまう力を備えている一群があります。
これらは「統語的複合動詞」と呼ばれ，後部の動詞は30個に限
定されるものの，前部に来る動詞には（意味的に整合する限り）
無限の可能性があります（語彙的と統語的の区別は影山（1993））。

　（6）のような複合動詞はもともと日本語に存在したのでしょうか。金田一（1953）は，上代日本語には現在のような複合動詞は存在せず，複合動詞と見えるものは単に2つの動詞が連続するだけであったと論じています。金田一がそう主張する根拠は2つありました。1つはアクセントに関する特徴で，「類聚名義抄」という平安末期（11世紀末から12世紀）に書かれた京都方言のアクセント資料によると，2つの動詞は全体でひとつの連続したアクセントにならず，たとえば「率いる」（ヒキヰル）は上平上平（高 - 低 - 高 - 低）のように前部と後部のそれぞれが独自のアクセントで表記されているということです。しかし新田（2010）によると，現在でも複合動詞の前部と後部がそれぞれ独自のアクセントで発音される方言があるそうです（石川県白峰方言）。このような方言でも，複合動詞はやはり一語として認識されていると思われますから，アクセントだけでは金田一の主張を裏付けるのに不十分です。

　金田一（1953）が挙げているもう1つの根拠は，たとえば，「咲きや初むらん」（咲き始めるだろう）のような形で前部と後部の間に助詞が介在できたということです。これは形態論的な証拠として有効だと思われます。しかしたとえ2つの動詞が形態的に1語になっていなくても，それらが単に並置されていたのではなく，何らかの形で1つのまとまりを形成していたことは確かでしょう。たとえば，「かまどにはほけふきたてず（かまどには火気吹き立てず）」（万葉集，巻5）のように，後ろに否定の活

用語尾「ず」が付いた場合，否定の作用は後部の動詞（「立て」）だけに留まらず，前部と後部を合わせた全体（「吹き立て」）に及んでいます。このことから，上代日本語における 2 つの動詞の組み合わせは，形態的に 1 語とは言えないまでも，たとえば英語の give up や take off といった句動詞のような緩やかなまとまりを作っていたと推測することが可能です。また，そのようなまとまりは，平安時代の日本人にとっても辞書（類聚名義抄）に載せておくだけの語彙的な特徴を持っていたに違いありません。青木（2013）によると，もともとは緩やかなまとまりであった 2 動詞の連鎖は中世室町期には複合語としての形を整えてきたということです。

　では，名詞と動詞を組み合わせた B タイプの複合動詞はどうでしょうか。まず，このタイプについては研究文献そのものが極めて少ないことが指摘できます。研究文献の少なさは，この現象自体の頻度（生産性）の少なさを反映していると考えられます。実際，筆者がざっと調べたところでは，「精出す」，「腰かける」，「波立つ」など，せいぜい 70 程度しかありませんし，新しい組み合わせが作られることもほとんどありません。上代日本語では 100 を超えていたという報告（衣畑（2010））があるものの，本当に複合語になっていたのか，それとも助詞が脱落しただけなのか，生きた母語話者がいないため定かにすることはできません。現代語でも「垣間見る」の「垣間」，「うな垂れる」の「うな」のようにそれだけを取り出しても意味がわからない名詞が少なくあり

ません。さらには、「は‐ぐくむ（育む）、「つま‐づく（躓く）」、「ひも‐とく（繙く）」のように漢字一字で表され、名詞＋動詞という語源が不透明になったものもあります。

　以上をまとめると、次のようになります。

　　時制付きの複合動詞に見られる非対称性
　　・動詞連用形＋定形動詞の複合動詞（A タイプ）は生産性が
　　　高い。
　　・名詞＋定形動詞の複合動詞（B タイプ）は生産性が低い。

この相違は、第 2 節で述べた「述語領域での膠着性」と「名詞領域での膠着性」の違いと呼応していると考えるのが自然でしょう。つまり、動詞と動詞、あるいは動詞と補助的な動詞とは形態的にくっつきやすいが、名詞と定形動詞はくっつきにくいということです。複合動詞に関する従来の研究はもっぱら A タイプの複合動詞に限られ、B タイプの複合動詞はほとんど研究対象となりませんでした。本節では、A タイプの複合動詞の細かい枝葉を見ていた従来の研究では看過されてきた B タイプ複合動詞の性質および A タイプと B タイプの際だった相違が述語の領域と名詞の領域に係わる相違として捉えられることを示唆しました。次節からは、この相違が日本語文法の森全体に波及することを明らかにします。

4.　時制を伴わない複合述語

　時制を伴わない複合述語としてここで取り上げるのは，(7)
(8) (9) に例示されるような表現です。

(7) a.　私がインターネットでチケットを予約の際 …

　　 b.　私がインターネットで［チケット：予約］の際 …

(8) a.　新幹線が名古屋駅に到着の際 …

　　 b.　新幹線が［名古屋駅：到着］の際 …

(9) a.　磯野家に長男が誕生の際 …

　　 b.　磯野家に［長男：誕生］の際 …

これらの例では「予約，到着，誕生」という漢語名詞が主語や目
的語を取る述語として用いられています。「学校」のような単純
な名詞は「*生徒を学校の際」のような使い方はできません。「予
約，到着，誕生」およびそれらと同様の働きを持つ漢語名詞は，
一般には「する」を伴って動詞として使われますが，(7)–(9) の
例のように「する」がなくても述語として機能します。この種の
名詞は動詞的名詞 (Verbal Noun, 略して VN) と呼ばれます（影
山 (1993)）。伝統的な国語学・日本語学では，これらは漢語サ
変名詞と呼ばれるようですが，実際には，VN は漢語に限定され
ず，「チェック（する）」のような外来語，「貸し借り（する）」の
ような和語もあります。

　さて，(7)–(9) の (a) 文では述語の VN に伴う項が「を，が，

に」という格を伴っているのに対して，(b) 文では格助詞が消え
てしまい，その結果，[　] で囲った部分が複合語（「統語構造後
の複合語 post-syntactic compounds」と呼ばれる）になっている
と考えられます。ここで注意したいのは名詞と VN の間が，コ
ロン（：）で示したように短く区切れることです。このような区
切れからすると，[　] 内の表現は単に格助詞の省略ではないか
という考え方もできますが，実際に [　] 部分が複合語になって
いることを示す根拠はいろいろあります（詳しくは影山 (1993)）。
また，「脱：原発」や「前：社長」のように接頭辞にも同じような
音声的区切れが見られます。

　　[　] 内が複合語であると想定した上で注目したいのは，これ
らの複合語の後に時制（「する／した」）を付けると，もはや複合
語として認識されなくなるということです。

(10) a. *インターネットで [チケット：予約する] 際 …

　　　b. *新幹線が [名古屋駅：到着した] 際 …

　　　c. *磯野家に [長男：誕生した] 際 …

言い換えると，「統語構造後の複合語」は時制を持たない，つま
り非定形（non-finite）でなければならないということになりま
す。

　　このタイプの複合述語は，前に来る名詞と後ろに来る述語（VN）
との間に (7)-(9) のように「を（直接目的語），に（ニ格補語），
が（自動詞の主語）」という統語的な関係が成り立つ限り，どの

ような単語でも当てはめて自由に作ることができます。その点
で，「腰かける」や「精出す」のような時制付きの名詞＋動詞型複
合語が組み合わせ方が極めて限られることと著しい対比をなして
います。

　時制を伴わない特殊な複合述語には，他にも（11）のような例
があり，このタイプも極めて生産的です。

　　(11) a.　［一級建築士：設計］の住宅
　　　　b.　［東京言語研究所：主催］の講演会

(11) は「一級建築士が設計した（設計する）住宅」，「東京言語研
究所が主催する（主催した）講演会」という意味ですが，面白い
ことに（11a, b）に「する／した」で時制をつけると非文法的に
なってしまいます。

　　(12) a. *［一級建築士：設計した］住宅
　　　　b. *［東京言語研究所：主催する］講演会

ここでも，「名詞＋述語」の複合語は時制を取り除くと生産性が
高くなる，という予測が正しく裏付けられることがわかります。

5.　定形と非定形の中間的な複合述語

　ここまでは，「精出す，精出した，精出さない」のように活用
する定形の複合述語は生産性が低く，「チケット：予約（の際）」

や「一級建築士：設計（の住宅）」のように時制を持たない，非定形の複合述語は生産性が極めて高いことを述べました。では，定形と非定形の間にくる中間的な複合語はないのでしょうか。たとえば「汗水垂らして」のようなテ形動詞は現在・過去という時制を欠くことは確かですが，かといって「予約」や「貸し借り」のような非定形の VN とも異なります。テ形の働きによって，「汗水垂らして働く」のように動詞を修飾することができるため，完全な名詞とは区別して，定形（時制あり）と非定形（時制なし）の中間に位置すると見なすことができます。「名詞＋テ形動詞」の構成を持つ複合語の例を幾つか追加しておきましょう。

(13)　手薬煉引いて（待つ），心して（聞く），（額に）汗して
　　　　（働く），音立てて（崩れる），（肩で）風切って（歩く），
　　　　（レストランの店員が床に）片膝ついて（注文を聞く），
　　　　堰切って（流れ出す）

これらは現在形，過去形，あるいは否定形「ない」などに活用させるのが難しいと思われます。

　動詞の代わりに形容詞を用いて，「名詞＋形容詞連用形」という形態でもっぱら連用修飾語として使われる複合語もあります。

(14)　足繁く（通う），体よく（断る），心よく（引き受ける），
　　　　文句なく（奨める），遠慮なく（もらっておく），バランスよく（食べる），機嫌よく（帰る），勢いよく（流れ

　　る），効率よく（勉強する），見栄えよく（盛り付ける）

これらの複合形容詞も現在形（〜い）や過去形（〜かった）のような活用形で用いるのは不自然です。

　定形と非定形の中間的な存在の例として，もうひとつ連体修飾形が挙げられます。たとえば，「道行く人々」の「道行く」，「空飛ぶ円盤」の「空飛ぶ」です。これらも連体形として名詞を修飾する用法に限定されていて，「*道行った人々」や「*道行かない人々」，あるいは「*その円盤は空飛んだ」，「*あの円盤は空飛ばない」のように活用することができません。この形式に現れる動詞は連体形に限定され，自由に活用形を取ることができないという点で，これらも定形と非定形の中間と見なすことができます。幾つか例を追加しておきましょう。

　(15)　風薫る（季節），鬼気迫る（場面），勇気ある（行動），
　　　　心温まる（話），心休まる（場所），（天に）唾する（行
　　　　為），（金が）物言う（世の中），後ろ髪引かれる（思い）

　連用修飾のテ形複合動詞がどれほどの数にのぼるのか正確に把握していませんが，現在形や過去形で文を締めくくることができないけれどテ形にすると良くなるという複合動詞は比較的よく見かけられます。連体修飾形は，連用修飾形以上にたくさんありそうで，たとえば「あふれる」という動詞を用いた「X あふれる＋名詞」という構文はかなり生産的で，X の位置にいろいろな名詞

を入れることができます。

(16)　魅力あふれる（職場），ユーモアあふれる（語り口），心
　　　情あふれる（文章），夢あふれる（社会），重厚感あふれ
　　　る（ヨーロッパ調家具），野性味あふれる（料理），人間
　　　味あふれる（人柄），緑あふれる（住宅地）

しかし，結合する名詞の自由度が高いと言っても，現在形や過去
形にして文を締めくくることはできません。さらに注目したいの
は，これらの複合動詞が後ろにくる被修飾名詞の恒常的な性質
（属性）を描写するという点です。たとえば「ユーモアあふれる」
なら「楽しい，機知に富んだ」のように形容詞的な表現で言い換
えることができます。他方，「Xあふれる」を用いて，特定の時
間に発生した物理的な出来事を表現することは無理です。たとえ
ば，次のような表現は受け入れ難いでしょう。

(17)　*朝からの大雨で［水溢れる］店内
　　　*反政府デモで［若者あふれる］国会前広場

　連用修飾の場合と同様に，形容詞も連体修飾用法のみの複合語
を形成することがあります。たとえば，次のような複合語は過去
や現在の終止形では使いにくいと思われます。

(18)　見目麗しい（女性），心ない（言葉），拠ん所ない（事
　　　情），忌憚ない（意見）

これらの複合語も後続名詞の属性を描写する表現で，「見目麗しい」なら「美しい」，「心ない」なら「無分別な」のように言い換えられます。

　以上述べたような連用修飾語あるいは連体修飾語に限定される複合述語は，これまでの研究文献において複合語や語構成の観点から論じられたことは皆無と言ってよいでしょう。研究者たちは，複合動詞，複合形容詞と言えば時制活用するものを指すと思い込んで，これらの特殊用法の複合述語には全く目が届かなかったようです。また，仮にそれらを取り上げたとしても，それらのグループを単独で分析しただけでは，あまり面白い結果が出て来ることは期待できません。本章では，時制付きの「腰かける」型および時制なしの「チケット：予約」型と対比することではじめて，連用修飾・連体修飾に限定された特殊な複合述語が持つ意味合いが明らかになることを示しました（本節で取り上げた現象について影山 (2016) でより詳しく論じています）。

6.　まとめ

　それでは，まとめに入りましょう。本章では最初に，日本語は膠着型言語であると言われるものの，述語の領域と名詞の領域では膠着の度合いが異なることを指摘しました。述語の領域とは，言い換えると，現在や過去などの活用を持つ定形の領域であり，名詞の領域とは，時制のない非定形の領域です。前者において

は，動詞＋動詞あるいは動詞＋補助的動詞といった連鎖が形態的に接合しているという点で，膠着型言語の特徴を体現していますが，他方，定形の動詞の前に名詞成分をつけると，とたんに生産性がなくなります。このことから，述語が定形の場合は動詞の前に名詞を複合させることが基本的にはできないという特異な性質が読み取れます。ところが，述語から時制を取り除いた「予約」や「誕生」などの VN になると，逆に，生産性が極めて高くなります。

　定形と非定形を両極とすると，その中間として，完全に定形でないが完全に非定形でもないような「名詞＋述語」の複合語があるのではないかという予測が立てられ，実際に，それに該当するものとして，連体修飾ないし連用修飾の用法だけに限定された特別な複合述語が存在することを明らかにしました。これらは，生産性あるいは意味的な透明性において，定形の複合動詞と非定形の複合述語の中間的な性質を有すると捉えることができます。

(19)　| 定形 ———— 中間的 ———— 非定形 |

　　「精出す」タイプ　連用修飾・連体修飾　「長男：誕生」タイプ

　　　　小 ←———— 生産性 ————→ 大

　このように，従来の日本語学の研究ではごく限られた範囲の複合語を調べるだけで，類似の形態でタイプの異なるものを横断的に比較するという作業が欠けていました。本章ではそのような横断的比較を試み，そこから，日本語文法の特徴とされてきた膠着

性の本質の一端を明らかにしました。膠着性と定性という 2 つ
の概念を，複合語という形態で結び付けた提案はこれが最初のも
のです。日本語の中の複合動詞という小さな単位から得られた本
章の知見は，一般言語学や言語類型論への提言につながるはずで
す。

　一般言語学あるいは言語類型論において，定形・非定形の文法
的な性質を詳しく論じた研究はあまり多くありません。英語の伝
統文法では，定形動詞というと時制・数・人称で屈折した動詞形
式を指し，あくまで動詞の内的な性質としてしか捉えられていま
せん。生成文法では，定性は時制および主語・動詞の一致
（agreement）という素性によって決まる（Kornfilt（2007））とい
う考えが受け入れられているようです。一致素性というのはプラ
スかマイナスかという二値的なものですが，これに対して本章で
は，定形と非定形のあいだに中間的性質を持つものがあることを
連体修飾用法・連用修飾用法の複合述語で実証的に示しました。
日本語においては，時制活用を持つかどうかは形態的に明白であ
り，また，中間的な存在としてテ形や連体修飾形があることも厳
然とした事実です。Bisang（2016）は，定形（finiteness）が一見，
連続的に見えるのは複数の言語を比較しているためであって，個
別の言語については連続体ではないと論じています。他方，
Givón（2016）は定性の段階性を強く主張し，一方の極を時制文，
他方の極を名詞化された節とする「定形のスケール finiteness
scale」が一言語の内部にもあるとしています。本章の考えは

Givón に近いものですが，日本語の形態として取り上げたのが
〈時制付き〉——〈テ形ないし連体形〉——〈時制なし〉という3段
階だけですから，本当の意味での連続的なスケールがあるとまで
は主張できません。

　いずれにしても，一本一本の木の細かい枝葉を見てきたこれま
での研究に対して，森全体を俯瞰することで新しい視界が拓けて
くる可能性が高いことを理解していただければ，本章の目的は達
成されたことになります。

参考文献

青木博史（2013）「複合動詞の歴史的変化」，影山太郎(編)『複合動詞研
　　究の最先端』215-241，ひつじ書房，東京.

Bisang, Walter（2016）"Finiteness, Nominalization, and Information
　　Structure," *Finiteness and Nominalization*, ed. by Claudine Cham-
　　oreau and Zarina Estrada-Fernández, 13-42, John Benjamins, Am-
　　sterdam.

Givón, Talmy（2016）"Nominalization and Re-finitization," *Finiteness
　　and Nominalization*, ed. by Claudine Chamoreau and Zarina
　　Estrada-Fernández, 271-296, John Benjamins, Amsterdam.

服部四郎（1950）「附属語と附属形式」『言語研究』15, 1-26.

影山太郎（1993）『文法と語形成』ひつじ書房，東京.

影山太郎（2016）「対照言語学から照射した現代日本語文法——名詞抱合
　　と言語類型——」『日本語文法』16(2), 32-47.

金田一春彦（1953）「国語アクセント史の研究が何に役立つか」，『金田一
　　博士古稀記念言語民俗論叢』329-354，三省堂，東京.

衣畑智秀（2010）「上代語の名詞抱合について」『語文』92/93, 34-44,
　　大阪大学.

Kornfilt, Jaklin (2007) "Verbal and Nominalzed Finite Clauses in Turkish," *Finiteness: Theoretical and Empirical Foundations*, ed. by Irina Nikolaeva, 305–332, Oxford University Press, Oxford.

新田哲夫 (2010)「石川県白峰方言の複合動詞アクセント」, 上野善道(編)『日本語研究の12章』431–428, 明治書院, 東京.

Vance, Timothy J. (1993) "Are Japanese Particles Clitics?" *Journal of the Association of Teachers of Japanese* 27(3), 3-33.

第 2 章

「話し手」考慮の重要性と日本語
—「〜ている」と「〜てある」表現を中心に—[*]

高見　健一

学習院大学

1.　はじめに

　本章ではまず，日本語は，話し手の感情や気持ちが発話に表れ
やすい言語であることを指摘します。そして第 2，3 節で，これ
まで動詞の意味のみに基づいて考察されてきた「〜ている」と
「〜てある」表現を取り上げ，これらの表現でも「話し手」に考慮
する必要があることを示したいと思います。

　　[*]　本章は，東京言語研究所開設 50 周年記念セミナー（2016 年 9 月 3 日）
にて口頭発表した内容に基づいており，当日，池上嘉彦先生，西山佑司先生，
影山太郎先生，John Whitman 先生をはじめ，多くの方々から貴重な指摘や
助言をいただきました。ここに記して御礼を申し上げます。本章の第 2，3 節
は，久野暲先生との共同研究（高見・久野（2006, 2014））に基づいており，
多くの時間を割いて議論をして下さった久野暲先生に記して感謝いたします。
なお本研究は，平成 28 年度科学研究費補助金（基盤研究（C）課題番号
16K02777）の助成を受けています。

　さて，英語の Stop! を直訳すれば，「止まれ／止まって！」と
なりますが，日本語は終助詞が発達しており，近所の小学校の近
くに次の掲示があります。

　(1)　止まってね　車くるから　あぶないよ（五・七・五調）

終助詞「ね」は，話し手が依頼に親しみの気持ちを添え，「よ」
も，話し手が断定に親しみを込める表現なので，(1) は話し手の
優しくて穏やかな心的態度が表れています。同様に，It's hot to-
day. の直訳は，「今日は暑い」ですが，この場合も次のようにさ
まざまな終助詞が付加されます。

　(2)　今日は暑い {ね／よ／ぞ／わ}。

「ね」は聞き手との共感を（神尾（1990）参照），「よ」は親しみを
込めた断定を示します。「ぞ」は男性が用いて，判断を強く言い
表し，「わ」は，女性が用いれば上昇調，男性が用いれば下降調
になり，共に話し手の詠嘆を表します。このように日本語は，文
を述べる際に，「命題」（文の中核的意味）だけでなく，話し手の
心的態度も表明されやすいのが顕著な特徴と言えます。

　上記の点は，人や物の移動を表す表現にも見られます。たとえ
ば，英語の He gave her a book. は，本が彼から彼女に移動した
ことを述べるのみですが，日本語ではさまざまな動詞が用いられ
ます。

(3) a.　彼は彼女に本を<u>やった</u>／<u>あげた</u>。

　　b.　彼は彼女に本を<u>くれた</u>。

　　c.　彼女は彼に本を<u>もらった</u>。

(3a) の「やる／あげる」は，話し手が本の移動を「彼」寄りの視点から述べているのに対し，(3b, c) の「くれる／もらう」は逆に，話し手が「彼女」寄りの視点から述べていることを示しています（久野 (1978) 参照）。つまり，話し手は彼と彼女のどちら寄りの立場から本の移動を描写しているか明示しなければなりません。

　さらに興味深いことに，次の英語を直訳すると不適格で，日本語では (4b-d) のように表現しなければいけません。

(4) a.　Hanako **visited** me. — *花子が私を<u>訪ねた</u>。

　　b.　花子が私を訪ねて<u>きた</u>。

　　c.　花子が私を訪ねて<u>くれた</u>。

　　d.　花子が私を訪ねて<u>きてくれた</u>。

日本語では，「訪ねる」のような A から B への移動を示す動詞があり，B が話し手（または話し手に身近な人）の場合，話し手の視点からその動作を記述しなければなりません（高見・久野 (2002: 353) 参照）。(4b) では，話し手が「くる」を用いて，花子の移動が自分のほうへの移動であることを示し，(4c) では「くれる」を用いて，その移動により話し手が利益を受けていること

を示し，共に話し手の視点からその移動を記述しているので適格です。一方（4a）の日本語は，話し手の視点が明示されず，不適格です。

　話し手の利益や迷惑の表明は，日本語では特に顕著です。次のような例からわかるように，「～てくれる」は，話し手が述べられた事象を自分にとって<u>利益になる</u>と考えていることを示し，「～てもらう」は，話し手が述べられた事象を主文主語指示物にとって<u>利益になる</u>と考え，その利益が「ニ」格名詞句指示物の<u>おかげである</u>と考えていることを示します（高見・久野（2002: 297）参照）。

(5) a.　雨がやん<u>でくれた</u>。

　　 b.　打った球が本当によく飛ん<u>でくれました</u>。

(6) a.　教科書を忘れたので，隣の人に見せ<u>てもらった</u>。

　　 b.　子供に肩を叩い<u>てもらい</u>，疲れが飛んでいった。

　また，被害受身文は，次に示すように，その主語指示物（多くの場合，話し手）が，述べられた事象により<u>迷惑を被っており</u>，その迷惑が「ニ」格名詞句指示物の<u>せいである</u>と考えていることを示します（高見（2011: 59）参照）。さらに，「～やがる／～くさる」のような，ぞんざいな表現ですが，話し手の<u>さげすみ</u>，<u>迷惑</u>の気持ちを表明する言い方もあります。

(7) a.　あー，お父さんに先にトイレに<u>入られ</u>ちゃったよ。

  b.　妻に実家に<u>帰られ</u>，一人なんです。（大学院生の発話）

  c.　大関に序盤から星を<u>落とされる</u>と，（相撲は）つまら

　　ないからね。（大相撲解説者の芝田山氏の話）

  d.　あいつが彼女に花を渡し{<u>やがった</u>／<u>くさった</u>}。

　さらに，日本語では敬語が発達しており，話し手の相手への敬意，へりくだり，丁寧さの表明も頻繁に行われます。英語では，目上の人に対しても次の（8a）のように said が使われるのに対し，日本語では（8b）は不適切で，（8c）のように話し手の<u>敬意</u>の表明である「尊敬語」（他に「いらっしゃる，召し上がる，くださる，ご覧になる」等）を用いなければなりません。また，動詞の尊敬形は（8d）のように「お〜に<u>なる</u>」となります。

  (8)　a.　As Professor Nakajima **said** right now, ...

　　　b. #中島先生が今<u>言った</u>ように, ...（大学院生の発話）

　　　c.　中島先生が今<u>おっしゃった</u>ように, ...

　　　d.　校長先生が明日の朝礼で<u>お話しになる</u>。

　一方，話し手の<u>へりくだり</u>・相手への<u>敬意</u>の表明である「謙譲語」も豊富で，英語では目上の人に対しても **I gave** my teacher a picture. と言うところを，日本語では（9a）のように謙譲語（他に「申し上げる，伺う，参る，お目にかかる，いただく」等）を使用し，動詞の謙譲形は「お〜<u>する</u>」となります。

  (9)　a.　先生に写真を<u>差し上げた</u>。

　　b.　先生に絵葉書を<u>お送りした</u>。

　以上のように，日本語では話し手の心的態度が言葉に表れやす
い傾向があり，この点はすでに渡辺（2002）で主張されています。
渡辺（2002: 75, 99, 333）は，言葉の意味は「対象の側に属する
意義」（＝客観的命題）と「言語主体（話し手）の側に属する意義」
に分かれ，「日本語は言語主体の側に属する意義に対して暖かく，
対して西洋諸語は対象の側に属する意義にエネルギーを注ぎ込も
うとする言語である」（p. 99）と述べています。また，日本語は，
英語，フランス語，中国語などと比べて，言語主体の気持ちを表
す言語形式（たとえば，一人称・二人称の豊富な代名詞や「せっ
かく，せめて，どうせ，いっそ」等の評価副詞）に富むことを指
摘しています。上で指摘したさまざまな表現も，日本語が話し手
の気持ちを表す言語形式に富むことを如実に示していると考えら
れます。

2.　「〜ている」構文

2.1.　従来の分析とその問題点

　動詞に「〜ている」が伴うと，（10a）のようにある動作の継続
を表す場合（動作継続）と，（10b）のようにある事象の結果状態
を表す場合（結果継続）があることが従来から指摘されてきまし
た。

(10) a.　赤ちゃんが<u>歩いている</u>／<u>母が食器を洗っている</u>。

　　　b.　服が<u>汚れている</u>／子供が千円札を<u>握っている</u>。

　(10a) は，赤ちゃんの歩く動作や母の食器を洗う<u>動作が，現在進</u><u>行している</u>ことを表し，(10b) は，服が汚れ，子供が千円札を握る事象が過去に起こり，その後の<u>結果状態が現在まで続いている</u>ことを表します。

　金田一 (1950) は，動詞を次の4つに分類し，「～ている」が継続動詞につけば動作継続を，瞬間動詞につけば結果継続を表すと主張しました。

(11) a.　**状態動詞**：時間の観念を超越し，状態を表す。「<u>～て</u><u>いる</u>」がつかない。

　　　　　例：「ある，できる，要する，（ナイフが）切れる，（親父は）話せる」

　　　b.　**継続動詞**：ある時間内に継続して行われる動作・作用を表す。⇒**動作継続**

　　　　　例：「歩く，話す，泳ぐ，燃える，食べる，書く，洗う，教える，運転する，勉強する」

　　　c.　**瞬間動詞**：瞬間的動作・作用を表す。⇒**結果継続**

　　　　　例：「消える，死ぬ，見つかる，届く，決まる，忘れる，触る」

　　　d.　**第四種動詞**：「<u>～ている</u>」形で使用。状態を帯びていることを表す。

例：「(山が) そびえる，優れる，似る，ずば抜ける，
　　　富む，ばかげる，ありふれる」

この金田一の主張によれば，(10a) の「歩く，洗う」は継続動詞
なので動作継続となり，(10b) の「汚れる，握る」は瞬間動詞な
ので結果継続となることが正しく予測されることになります。

　しかし，金田一 (1950) の分析には問題があることが，すでに
奥田 (1978)，藤井 (1966) 等で指摘されています。たとえば，
「太る，咲く，(頭が) はげる」等は，時間を要する動作・作用を
表す継続動詞ですが，次の (12a) は結果継続の解釈となります。
一方，「(傷が) 癒える，治る」等は，金田一 (1950) では瞬間動
詞に分類されていますが，(12b) は動作継続の解釈となります。

(12) a.　彼は<u>太っている</u>／花が<u>咲いている</u>／彼の頭は<u>はげて</u>
　　　　<u>いる</u>。[結果継続]
　　 b.　心の傷が少しずつ<u>癒えている</u>／病気が徐々に<u>治って</u>
　　　　<u>いる</u>。[動作継続]

金田一は動詞 (の分類) のみに基づいて，動作継続か結果継続か
を区別しようとしましたが，(12b) では，「少しずつ，徐々に」
という副詞が動作継続の解釈に大きく寄与しています。したがっ
て，どちらの解釈になるかは，動詞だけでなく，副詞の役割にも
考慮しないといけないことがわかります。

　工藤 (1995) は，金田一 (1950) の問題を解決すべく，動詞を

「主体（主語）の動作／変化，客体（目的語）の変化」に基づいて
次のように分類し，「～ている」が（13a, c）の動詞につけば動作
継続に，（13b）の動詞につけば結果継続になると主張しました。

(13) a. **主体動作・客体変化動詞**（他動詞）：開ける，折る，
倒す，曲げる，入れる，散らかす，抜く，出す，etc.
⇒**動作継続**

b. **主体変化動詞**（自動詞）：行く，並ぶ，出る，乗る；
死ぬ，治る，太る，沸く，落ちる，抜ける，積もる，
etc. ⇒**結果継続**

c. **主体動作動詞**：動かす，踏む，叩く，押す，食べる；
遊ぶ，泳ぐ，働く，走る；流れる，揺れる，燃える，
etc. ⇒**動作継続**

しかし，（13a-c）の動詞がそれぞれ用いられた次の例を見てみ
ましょう。

(14)　守衛さんが校門を開けている／子供が部屋を散らかし
ている。（主体動作・客体変化動詞）［動作継続／結果
継続］

(15)　水道の蛇口から水が出ている／お湯が沸いている。ガ
スを消して！（主体変化動詞）［動作継続］

(16)　知らない間に誰かが畑を踏んでいる／情報がすでに流
れている。（主体動作動詞）［結果継続］

(14) の「開ける，散らかす」は，(13a) の「主体動作・客体変化動詞」ですが，動作継続と結果継続の両方の解釈が可能です。たとえば，「守衛さんが校門を開けている」は，現在，守衛さんが校門を開けつつあるという動作継続と，すでに校門を開けて，今は開いた状態になっているという結果継続の2つの解釈があります。(15) の「出る，沸く」は，(13b) の「主体変化動詞」ですが，たとえば「水道の蛇口から水が出ている」と言えば，現在，水が流れているという動作継続を表します。また (16) の「踏む，流れる」は，(13c) の「主体動作動詞」ですが，「知らない間に，すでに」という副詞からわかるように，結果継続を表しています。したがって，(14)–(16) の例は，工藤の分析では説明できないことになります。

　以上から，動詞の意味のみに基づく分析では，動作継続と結果継続の解釈を十分には説明づけられないことが明らかです。次節ではこの問題を，話し手は発話時に何が観察できるかという観点から説明したいと思います。

2.2.　代案─話し手は発話時に何が観察できるか？

　これまでの議論から推測されるように，「～ている」形は次のような意味を表します。

(17) **「～ている」形の表す意味**：「～ている」形は，ある動作・作用，あるいはその後に生じる結果状態が，「～て

いる」形が指し示す時点において進行し，連続・継続していることを表す。

(17) を踏まえて，まず次の文を見てみましょう。

(18) a.　あれ，あそこに財布が<u>落ちている</u>。［結果継続］
　　　b.　この滝はすごいね！ 水がたくさん<u>落ちている</u>。
　　　　　［動作継続］

同じ「落ちている」でも，(18a) は結果継続を表し，(18b) は動作継続を表すのはなぜでしょうか。それは，話し手は，財布が人のポケット等から落ちる瞬間的動作を発話の時点で通例，観察できませんが，水が滝から落ちる反復動作は，発話の時点で容易に観察できるからだと考えられます。

　同様のことが次の例でも言えます。

(19) a.　人が<u>倒れている</u>／電気が<u>消えている</u>。［結果継続］
　　　b.　<u>花が咲いている</u>／彼の頭は<u>はげている</u>。［結果継続］

話し手は普通，人が倒れたり，電気が消える瞬間的動作を発話の時点で観察できません。また，花が咲いたり，頭の毛がなくなってはげていく，ゆったりとした過程も発話の時点で通常は観察できません。話し手が観察できるのは，人が倒れて横たわっている結果状態や，花が咲いている結果状態のみなので，(19a, b) は結果継続の解釈となります。

　ただ,「倒れている」や「咲いている」でも,次のような文脈で発話されると動作継続の解釈となります。

(20) a.　[花火大会の混雑時に爆発が起き,人が将棋倒しに倒れる様子を見て]

　　　　あー,人が次々と<u>倒れている</u>！[動作継続]

　　 b.　[花の開花の様子を時間を速め,短時間で見られるテレビ放送を見て]

　　　　あー,見事に<u>咲いてる</u>,<u>咲いてる</u>！[動作継続]

なぜなら,(20a, b) の文脈が与えられると,話し手は人々が次々と倒れていく動作の連続体や,花が咲きつつある動作の連続体を発話の時点で観察できるからです。

　以上から次の制約を立てることができます。

(21)　「〜ている」構文の動作・結果継続の解釈に課される制約:動詞が,主体のある動作・作用を表し,その過程・経過を話し手が発話の時点で観察できれば,「〜ている」構文は動作継続の解釈となる。一方,動詞が,主体の動作・作用を表し,主体がその動作・作用の結果,状態変化を受け,その結果状態を話し手が発話の時点で観察できれば,「〜ている」構文は結果継続の解釈となる。
　　　　　　　　　　　　　　　　　　(高見・久野 (2006: 121))

(21) の制約は次の文の解釈も説明できます。

(22) a.　雪が<u>しんしんと降っている</u>。［動作継続］

　　　b.　雪が<u>10 センチは</u>降っている。［結果継続］

(23) a.　風が<u>吹いている</u>。［動作継続］

　　　b.　生徒が<u>立っている</u>。［結果継続］

(24)　桜の花が<u>散っている</u>。［動作／結果継続］

(22a, b) に関して，話し手は，雪が降りつつある<u>進行状態</u>も，雪が降った後の積もっている<u>結果状態</u>も，発話の時点で観察できます。よって，「雪が降っている」自体は 2 つの解釈を持ち得て，そのどちらになるかは，「しんしんと」と「10 センチは」が決定づけることになります。(23a) が動作継続となるのは，話し手は発話の時点で風が吹いている進行状態を観察できるものの，風は吹いた後に状態変化を残さないので，話し手はその結果状態を観察できないからです。また (23b) が結果継続となるのは，話し手は，生徒が廊下に立っている結果状態を観察できるものの，立つという瞬間的動作は，通例，発話の時点で観察できないからです。さらに (24) では，話し手は桜の花が散りつつある動作の連続も，散って地面に落ちている結果状態も観察できるので，2 つの解釈が許されることになります。

　以上の議論から，「〜ている」構文の動作継続と結果継続の解釈を説明するには，<u>話し手が発話の時点で</u>，動詞の表す動作の連続体，およびその後に生じる結果状態を<u>観察できるかどうか</u>という点を考慮しなければならないことが明らかだと思われます。

3.　「～てある」構文

3.1.　従来の分析とその問題点

　「～てある」構文とは，他動詞の目的語を主語にして，その他動詞に「～てある」をつけた次のような文です。

(25)　野菜が切ってある／皿が洗ってある／花瓶にバラの花が生けてある。

この構文は，伝統的な日本語文法研究をはじめとして，最近の生成文法や語彙意味論，さらに日本語教育の分野でも，これまで盛んに議論されてきました。この構文に関して，高橋（1969）は，「対象に変化を生じる動きが終わった後，その対象を主語にして，結果の状態を述語として表したもの。意図的な動作を表す他動詞に限る」と述べ，寺村（1984）は，「人が何かに対して働きかける動作，行為が終了した結果の存在をいう」と述べています。また，吉川（1973）は，「『乾かす，直す』のような対象を変化させる意味の動詞や，『置く，掛ける』のような対象の位置を変化させる意味の動詞が用いられる」と述べています。さらに日本語教育でも，Jorden（1963）は，「～てある」構文が「誰か人が行った行為の結果が残っていることを表す」と述べ，『みんなの日本語初級Ⅱ教え方の手引き』（2001）では，「『～てある』（『～てあります』）には，人の動作を示す他動詞が使われ，人が何らかの意図や目的を持って行った行為の結果として物の現在の状態を表

す」と述べられています。したがって，このような研究をまとめると次のようになります。

(26)　**日本語文法・日本語教育での「〜てある」構文の説明：**

　　(i)　「〜てある」構文は，ある動作が終わった後に生じる結果が現在において残っていることを表す表現である。

　　(ii)　「〜てある」構文には，対象の状態変化ないし位置変化を意図的に引き起こす他動詞のみ用いられる。

(26) をもとに次の例を見てみましょう。

(27) a.　*子供が褒めてある。　　　　(Miyagawa (1989: 59))

　　b.　[生徒達のリサイタルの後で]

　　　　先生：　子供達みんなに，「よく頑張って偉かったね」と褒めてやらなければなりませんが，褒め忘れた子供はありませんか。

　　　　助手：　太郎君と夏子さんはもう褒めてありますが，花子さんがまだ褒めてありません。

(28) a.　*あの人が殴ってある。　　　　(Miyagawa (1989: 60))

　　b.　親分：　奴らを懲らしめのため，手厳しく殴りつけておくべきだ。

　　　　子分：　（平次と権助は殴ってありますが）三平がま

だ<u>殴ってあり</u>ません。

Miyagawa (1989) は，(26) の説明に沿って，(27a) や (28a) が不適格なのは，誰かが子供を褒めても，褒めた結果が子供に残らず，誰かがあの人を殴っても，その結果が通常，その人に残らないからであり，「褒める，殴る」は「〜てある」構文には用いられないと主張しています。しかし，同様の (27b)，(28b) はまったく適格であるため，(26) の説明は妥当でないことになります。

　さらに，ある動作を行っても，その結果が残らない場合で適格となる例が，次のように多くあります。

(29) a.　先方にはもうこの件は<u>話してあり</u>ますから，心配ありません。
　　 b.　ここの棚の本はもうすべて<u>読んである</u>。

人にある事柄を話しても，その事柄が変化することはなく，何の結果も残りません。また，本を読んでも，その本に読んだ後の結果が残るわけではありませんから，(26) の説明はこのような例も捉えることができません。

3.2.　代案—話し手は行為者か，観察者か？

　それでは，「〜てある」構文をどのように説明すればいいのでしょうか。それには，話し手が，当該の動作を行った<u>行為者</u>か，あるいは誰かが行為を行った後を見て発話する<u>観察者</u>かを考慮す

る必要があると考えられます。たとえば次の文を見て下さい。

(30) a.　野菜が<u>切ってある</u>。(＝(25))

　　　b.　*子供が<u>褒めてある</u>。(＝(27a))

　　　c.　助手：　太郎君と夏子さんはもう<u>褒めてあり</u>ますが，

　　　　　　　　　花子さんがまだ<u>褒めてあり</u>ません。(＝

　　　　　　　　　(27b))

(30a) では，誰かが野菜を切れば，その野菜は状態が変化するた
め，話し手（＝観察者）はその状態を見て，野菜が切ってあるこ
とが分かります。一方 (30b) では，誰かが子供を褒めても，子
供は変化しないので，観察者には誰かが子供を褒めたことは不明
です。しかし，話し手が行為者本人で，自分が子供を褒めておれ
ば（あるいは，誰かが子供を褒めたことを話し手が知っておれ
ば），子供に褒めた結果が残らなくても，子供を褒めたことが分
かっているので，(30c) のように言うことができます。同じこと
が (28a, b) についても言え，(29a, b) では，話をしたり，本を
読んだのが，話し手自身なので，結果が残らなくても，これらの
文は適格となります。したがって，従来の研究は，行為者と観察
者の区別がなされておらず，両者が同一人物である場合の考慮が
欠けていたと言えます。もし，両者の区別を意識しておれば，次
のような帰結を自ずと導いていたはずです。

　(31)　「V てある」構文が適格であるためには，V が表す動作

が過去において行われたことを示す明らかな証拠を話し手（観察者）が持っていなければならない。Ⅴ の行為者が話し手自身であれば，その行為の証拠が目に見えなくても，話し手は，自分の行った行為についての明らかな証拠を持っていることになる。

　次に，「〜てある」はどういう意味を表すかというと，「過去の行為がもたらす状態が発話時（現在）において有意義であることを述べる表現」であると言えます。たとえば，次の（32a）は，過去の行為を単に描写しているのみですが，(32b）の「〜てある」構文は，「だからこの曲を発表会で歌おう」というように，過去に起きた行為の発話時における意義を述べています。

（32）a.　学生達はこの曲を一番よく練習した。
　　　b.　この曲が一番よく練習してある。

よって，次のような文脈では，（33a）のような過去形の文を用いることはできず，（33b）の「〜てある」構文を用いなければなりません。

（33）［先生が校舎管理人に携帯電話で］
　　　生徒達を連れてコンピューター室に来たのですが，
　　a.　*誰かがドアに鍵をかけました。
　　b.　ドアに鍵がかけてあります。

(33a) のように過去の出来事だけを述べても，先生（と生徒達）が直面している現在の窮状とつながりません。それに対して (33b) だと，先生達が発話時において困っていることを表明しているので，適格となります。

さらに「〜てある」構文には，何らかの目的でなされた意図的行為のみ用いられます。そのため，次の (34a) は適格ですが，通常，人は自分の家を意図的に焼いたりはしないので，(34b) は不適格です。しかし (34c) では，家を焼くというのが，放火犯人の意図的行為なので適格となります。

(34) a.　魚が焼いてある。

　　 b. *家が焼いてある。

　　 c.　[放火犯人の独り言]
　　　　あいつの家はもう焼いてあるから，出張から帰ってきても住む所はないぞ。ざまあ見ろ！

以上の議論から次の制約を立てることができます。

(35) 　**「〜てある」構文に課される制約**：「〜てある」構文は，動詞が表す意図的行為が，過去において誰かによって何らかの目的でなされたことが話し手（疑問文では聞き手）に明らかで，その行為に起因する状態が発話時において話し手にとって有意義であることを主張する表現である。

　これまで，他動詞の目的語が主語となる「X が～てある」構文（および「X は～てある」構文）を考察しましたが，実は，自動詞でも「～てある」構文が適格となる場合があります。次の対比を見て下さい。

(36) a. *星が出てあるから，外に来てごらん。

　　 b. *子供達はもう舞台で踊ってある。

(37) a. 　もう十分遊んでありますから，今後は仕事に励みます。

　　 b. 　あのピッチャーは，冬場にたっぷり走り込んであるので，延長線になってもスタミナは大丈夫だ。

(36a) は，「星が出る」というのが非意図的事象なので，(35) の制約を満たさず不適格です。(36b) は，子供達が踊っても，その結果が子供達に見られず，話し手は子供達が踊ったかどうか不明なので，この文も (35) の制約を満たさず不適格です。一方 (37a) は，話し手自身が遊んでいるので，話し手は自分が遊んだことを知っています。また (37b) の話し手は，話題となっているピッチャーが冬場に十分走り込んでいることを知っています。よって，(37a, b) は (35) の制約を満たして適格となります。

　他動詞の「X が～てある」構文に対して，他動詞の目的語がそのまま「ヲ」格でマークされる「X を～てある」構文もあり，その適格性も (35) の制約で説明できます。たとえば次の例を見て下さい。

(38) a.　＊あのピッチャーは変化球を<u>たくさん</u>投げ<u>てある</u>。

　　 b.　［春のキャンプで投球練習をしているピッチャーが

　　　　コーチに］

　　　　（私は）昨日までにもう十分<u>変化球を投げてあります</u>

　　　　から，今日はストレートに取り組みたいと思います。

(38a) では，話し手はあのピッチャーが変化球をたくさん投げた
かどうか，この文だけでは不明のため，(35) の制約が満たされ
ず不適格です。しかし，変化球を投げたのが話し手自身であれ
ば，話し手は当然そのことを知っているので，(38b) のように言
えます。よって，この文は (35) の制約を満たしているので適格
です。

　以上，3つの「〜てある」構文を考察しましたが，これら3つ
の構文の違いは何かと言うと，「X が〜<u>てある</u>」構文は，被行為
主体（他動詞の目的語）に焦点を置いて記述する「受身文」的表
現であるのに対し，自動詞の「〜てある」構文と他動詞の「X <u>を</u>
〜てある」構文は，行為主体（自・他動詞の主語）に焦点を置い
て記述する「能動文」的表現であるということです。そして，「〜
てある」構文自体は，「行為主体」や「被行為主体」という概念か
ら独立して，単に，「動詞の表す意図的行為が，過去において誰
かによって何らかの目的でなされたことが話し手（疑問文では聞
き手）に明らかで，その行為に起因する状態が発話時において話
し手にとって有意義であることを主張する表現である」というこ

とであり，3つの「〜てある」構文の適格性は，すべて（35）の制約で捉えられることになります。

4.　結び

　以上，本章で述べたことをまとめると次のようになります。

(i)　日本語の特徴の1つとして，話し手の心的態度が言語表現に表れやすいという点が指摘できる。

(ii)　「〜ている／〜てある」構文は，これまで動詞の意味のみに焦点を当てて考察されてきたが，「話し手」（話し手が発話の時点で何を観察できるか／話し手が当該事象の行為者か観察者か）を考慮に入れた分析が必要である。

(iii)　文の解釈や適格性は，その文の一部の要素によって決まるのではなく，その文全体や文脈，話し手の立場など，語用論的，機能論的要因にも大きな影響を受ける。

　今後の日本語構文の研究において，本章が，たとえば動詞など，文に現れる要素のみを考慮するだけでなく，「話し手」というような，文を取り巻く要因にも十分な考慮を払う必要があることを示す一助となれば幸いです。

参考文献

藤井正（1966）「『動詞＋ている』の意味」『国語研究室』（東京大）5.［金田一春彦（編）（1976: 97-116）に再録］

Jorden, Eleanor Harz（1963）*Beginning Japanese*: Part I. Yale University Press, New Haven.

神尾昭雄（1990）『情報のなわ張り理論——言語の機能的分析』大修館書店，東京.

金田一春彦（1950）「国語動詞の一分類」『言語研究』15, 48-63.［金田一春彦（編）（1976: 5-26）に再録］

金田一春彦（編）（1976）『日本語動詞のアスペクト』むぎ書房，東京.

工藤真由美（1995）『アスペクト・テンス体系とテクスト——現代日本語の時間の表現』ひつじ書房，東京.

久野暲（1978）『談話の文法』大修館書店，東京.

Miyagawa, Shigeru（1989）*Structure and Case Marking in Japanese*, Academic Press, New York.

奥田靖雄（1978）「アスペクトの研究をめぐって」『教育国語』53, 33-44: 54, 14-27.

高橋太郎（1969）「すがたともくろみ」［金田一春彦（編）（1976: 117-153）に再録］

高見健一（2011）『受身と使役——その意味規則を探る』開拓社，東京.

高見健一・久野暲（2002）『日英語の自動詞構文』研究社，東京.

高見健一・久野暲（2006）『日本語機能的構文研究』大修館書店，東京.

高見健一・久野暲（2014）『日本語構文の意味と機能を探る』くろしお出版，東京.

寺村秀夫（1984）『日本語のシンタクスと意味 II』くろしお出版，東京.

渡辺実（2002）『国語意味論——関連論文集』塙書房，東京.

吉川武時（1973）「現代日本語動詞のアスペクトの研究」［金田一春彦（編）（1976: 155-327）に再録］

第II部

ことばの科学

将来への課題

第 3 章

音韻論の課題

—類型論的観点から見た日本語の音韻構造—*

窪薗　晴夫

国立国語研究所

1.　はじめに

　日本語は類型論的に見てどのような言語なのでしょうか。この問題を音韻構造の分析を通して考察しながら，日本語の音韻研究にどのような課題が残されているかを検討するのが本章のテーマです。また日本語の研究が世界の言語の研究（一般言語学，言語理論，類型論）にどのように貢献できるかもあわせて考察したいと思います。

　音韻構造の類型を考える上で欠かすことのできないのがローマン・ヤコブソンの有標性理論です（Jakobson（1941））。最適性

---

　* 本章は科学研究費補助金（挑戦的萌芽研究 25580098 および基盤研究（A）26244022）と，国立国語研究所共同研究プロジェクト「対照言語学的観点から見た日本語の音声と文法」の成果の一部を報告したものである。

理論（Optimality Theory）（Prince and Smolensky (2004)）を
はじめとする現代の音韻理論を根底から支えているのがこのヤコ
ブソンの理論であり，とりわけ重要なのが次の 3 つの仮説です。

(1) a. 音や構造には普遍的に無標（＝基本的）なものと有標
　　　　（＝特殊，例外的）なものがある。

　　b. 有標なものは無標なものを含意する（有標なものが
　　　　あれば必ず無標なものも存在する）。

　　c. 習得（獲得）は無標なものから有標なものへ進み，喪
　　　　失（失語症他）は有標なものから無標なものへ進む。

これらはいずれも常識的な仮説です。数学（算数）にたとえる
ならば，(1) は (2) のようになります。

(2) a. 数学には足し算・引き算のような非常に基本的なも
　　　　のと，一次関数や微積分のような難しいものがある。

　　b. 一次関数ができる人は足し算・引き算もできる。

　　c. 習得するときは基本的なものから先に習得し，忘れ
　　　　る時は難しいものから忘れていく。

ヤコブソンの考え方では，2 つのものが対立する関係にあるよ
うに見えても，実際には両者には有標性の差がある，つまり一方
が他方より基本的（あるいは特殊）であるということになります。
たとえば「男」と「女」は相対立する概念のように見えますが，
英語の単語では図 1 のように「男」が無標で，「女」が有標な人

間として捉えられています（一説には woman の wo は womb,
つまり woman は「子宮を持つ人間」です）。

図1　man と woman

　ヤコブソンは，音や構造の有標性は普遍的なもの，つまりどの
言語にも共通なものと考えました。ここで問題となるのが，どの
ような音や構造が人間の言語にとって基本的で，どのようなもの
が特殊であるかという点です。本章ではこの問題を，母音，子
音，音節とモーラ，音節構造の4点について考察してみたいと
思います。

2.　母音の有標性

　赤ちゃんが一番先に獲得する母音は [a] で，この母音がどの言
語にも出現する最も基本的なものであると考えられています。実
際，「ママ」や「パパ」のような幼児語にこの母音はよく出現し，
また人間の言語に [a] を持たないものはないようです。日本語で
は，「あっと言わせる」「あっという間に」などの慣用句にも「あ」
という母音が出現します。また，人の笑い声を表現する「アハハ
(ahaha)，イヒヒ (ihihi)，ウフフ (uhuhu)，エヘヘ (ehehe)，オ

ホホ（ohoho）」の中で，一番中立的な意味を持つのも「あ」（ア
ハハ）です。

　人間の言語に [a] が一番無標であることを実証したのが，カリ
フォルニア大学を中心とした研究者たちの研究でした。彼らが世
界の 317 言語の調査に基づいて作成したデータベース（UPSID,
UCLA Phonological Inventory Database）によると，[a] の次に
人間の言語によく出てくる母音は [i] と [u] であり，そのあとに
[e] と [o] が続くと言われています。つまり人間の言語では [a, i,
u, e, o] の順に母音が出てきやすいということになります。[e]
や [o] という母音を持つ言語は，その前提として [a, i, u] の母音
を持っているというわけです。

　[a, i, u, e, o] という順序は，日本語の五十音図の配列順と同
じです。五十音図の起源は古代インドにあり，仏教と一緒に日本
に伝来したと言われています。とすると，古代インドに人たちは
人間の言語に出現しやすい母音の順序を知っていて，その順番に
母音を並べて五十音図を作ったことになります。

　[a, i, u, e, o] という順序は，日本語の動詞活用にも表れてい
ます。一番基本的な活用である五段活用では，活用の中に日本語
の 5 つの母音がすべて出てきますが，ここでも [a, i, u, e, o] と
いう順番に配列されています。

　　(3)　五段活用の配列
　　　　行かない（ik-anai）

行きます (ik-imasu)

行く (ik-u)

行くとき (ik-utoki)

行けば (ik-eba)

行け (ik-e)

行こう (ik-oo)

UPSID のデータベースによると，人間の言語は 2 つか 3 つし
か短母音を持たない言語から，英語のように 7 つ以上の短母音
を持つ言語までさまざまです。しかしこの違いには法則が働いて
おり，母音の分布は [a] から [i, u]，そして [e, o] と進みます。
アラビア語や琉球語（日本語の琉球方言）のように 3 つの短母音
しか持たない言語のほとんどは [a, i, u] の 3 母音です。言語間
の違いは，これらの基本的な（無標の）母音を共通の出発点とし
て，どこまで有標の母音まで持つようになるかという違いに他な
りません。鉄棒体操にたとえてみると，前回りや逆上がりなどの
基本的なものに始まり，連続前回りや連続逆上がりまでいくか，
あるいは大車輪のようにさらに難度の高いものにまで進むかとい
う違いです。

UPSID のデータベースでは，短母音を 5 つ持つ言語が最も多
いことが分かっています。このような 5 母音体系の大半が [a, i,
u, e, o] という母音を有していますので，日本語は母音体系とい
う観点では世界の諸言語の中でも標準的な言語であることがわか

ります。一方，英語の母音体系はこれより複雑で，同じ「ア」に [æ, ɑ, ʌ] の 3 種類の母音があり (bag, father, bug)，また「エ」や「オ」にも [e, ɛ](bake, bed) や [o, ɔ](boat, bought) の 2 種類があります。日本語より難しい体系を有していることになります。

　日本語の母音体系はこのように世界の言語の中では標準的なものですが，研究課題がないわけではありません。心理言語学（言語獲得）の分野では，日本語の赤ちゃんがどのような順序で 5 つの母音を獲得するかという研究が重要なテーマです。また実験音声学の分野では，母音の無声化が実際にどのように起こっているかという問題が重要な研究テーマとして残っています (Fujimoto (2015))。

3.　子音の有標性

　子音についても，有標性は言語に関係なく普遍的に決まっているというのが現在の音韻理論の仮説です。具体的には次のような有標性の階層があるものと考えられています（カッコ内は代表的な子音）（窪薗 (2003)）。

(4)　無標　◀──────────────────▶　有標
　　a.　無声阻害音 (t, k, s)　　　　　有声阻害音 (d, g, z)
　　b.　閉鎖音 (p, t, k)　　　　　　　摩擦音 (f, s, h)

  c.　調音点が口蓋の前方（p, t）　　口蓋の後方（k）

  d.　無声・無気音（t）　　　　　　　有気音（t^h），有声音（d）

 母音の場合と同じように，赤ちゃんは無標な子音から有標な子音へと獲得していく，それゆえ成人の言語においても，有標の子音があれば無標の子音は必ずあると考えられています。有標な子音の存在は無標な子音の存在を含意するというわけです。言語間の差は，どこまで有標な子音を許容するかによって生じるということになります。

 これは基本的にヤコブソンが唱えた有標性理論に立脚していますが，(4) に示した有標性の階層が本当に普遍的なものかという点については実証的研究によって十分に検証されたとはいいがたいところがあります。たとえば日本語と英語の赤ちゃんによる獲得過程 (5) を見てみると（金田一他 (1988)，Stoel-Gammon and Dunn (1985)），(4) の階層に合致しているように見えて，微妙な違いも見られます。方言差や個人差も考慮に入れて，(4) の階層が真に普遍的なものかを検証していく必要があるようです。

 (5)　子音の獲得過程

     日本語　　　　　　　　　英語

  ～2歳　p, b, m, t, d, n, w　　p, b, m, n, w, h

  2歳頃　k, g　　　　　　　　t, d, k, g, ŋ

  3歳頃　ʃ, tʃ dʒ, h　　　　　　f, s, r, l, j

| 4 歳頃 | ts, dz, s, z, ɾ | v, z, ʃ, tʃ, dʒ |
| 5 歳頃 | | θ, ð |

　ここで日本語の研究に焦点を絞ると，促音（重子音）の分布が興味深いテーマの一つです（Kubozono (2013)）。たとえば外来語では促音が (6) のような分布を示します（下線は日本語で促音となる子音，下線のないものは促音化しない子音）。(6d) に示した例では，英語の [ʃ] が日本語ではほぼ促音を伴って現れるのに，同じ無声摩擦音の [s] はほとんど促音を伴いません。(6g) の例では happy が「ハッピー」という促音付きの音形で借用されるのに，その派生語である happiness「ハピネス」は促音なしで日本語に入ってきます。綴り字上は pp という同じ表記であるにもかかわらず，一方が促音を伴い，他方が促音を伴わずに日本語に現われるのです。このような違いがどこから生じるのか，実験音声学（音声知覚，音響音声学）と音韻論の両面から分析してみる必要があります（Kubozono (2017a)）。

(6)　外来語の促音（重子音）

　　a.　cap—cab, lock—log, rack—lag

　　b.　pick—peak, pit—peat, mid—mead

　　c.　tot—toss, tup—tough, tap—taff

　　d.　cash—kiss, Gogh—cough, Bach—puff

　　e.　max—mask, tax—task, lax—rask

　　f.　cap—captain, fax—facsimile, sax—saxophone

   g.　ha<u>pp</u>y—happiness

   h.　le<u>ss</u>—le<u>ss</u>on, li<u>s</u>—li<u>s</u>ten—li<u>s</u>tener, li<u>s</u>tening

   i.　tou<u>gh</u>—<u>st</u>uff, <u>st</u>aff, lo<u>g</u>—flo<u>g</u>, tub/tab—<u>st</u>ab

   j.　<u>k</u>itchen—<u>ch</u>icken

　日本語の子音に関しては，連濁もさまざまな研究テーマを提供
してくれます。連濁は（7）のように複合語の後部要素の初頭音
節が濁音になる現象です。

　（7）　連濁

    a.　うみ ＋ かめ → うみ<u>が</u>め（海亀）

    b.　なま ＋ さかな → なま<u>ざ</u>かな（生魚）

    c.　ほん ＋ たな → ほん<u>だ</u>な（本棚）

    d.　ほん ＋ はこ → ほん<u>ば</u>こ（本箱）

　連濁にはさまざまな条件があり，どのような条件で連濁が起こ
るか（あるいは起こらないか）という問題について多くの研究が
あります（Ito and Mester（2003），Vance（2015），Vance and
Irwin（2016））。それにもかかわらず，たとえば「中<u>国</u>」や「ひら
<u>が</u>な」が連濁を起こし，「韓<u>国</u>」や「カタ<u>カ</u>ナ」が連濁を起こさな
い理由はいまだにわからない状態です（窪薗（2016a））。また並
列構造や右枝分かれ構造が連濁を阻止することは知られていて
も，それらを一般化する原理は十分には解明されていません。連
濁もまた未解決の問題が多い現象です。

4.　音節とモーラ

　音節とモーラについても，従来の音韻研究と近年の研究は異なる考え方をしています。音節とは母音を中心とする音のまとまりであり，他の言語と同じように日本語でも音節の数は母音の数をもとに決まります。一方，モーラは基本的に語や音節の長さ（あるいは重さ）を測る単位であり，長母音や二重母音は短母音の 2 倍（つまり 2 モーラ）の長さを持ちます。同様に尾子音（撥音，促音）も 1 つのモーラとして数えられるため，短母音＋尾子音という構造も 2 モーラの長さを持ちます。いくつか例をあげると次のようになります。

	モーラ数	音節数
トヨタ (Toyota)	3	3
日産 (Nissan)	4	2
ホンダ (Honda)	3	2
東京 (Tookyoo)	4	2
京都 (Kyooto)	3	2
北海道 (Hokkaidoo)	6	3

表 1　日本語のモーラと音節

　従来の音韻研究では，モーラと音節は相対立する概念であり，言語ごとに選択するものだと考えられていました。日本語や古代ギリシャ語はモーラを最小の音韻単位として持つ「モーラ言語」，一方，英語やドイツ語は音節が最小の音韻単位として機能する「音節言語」だというのがトゥルベツコイや金田一の考え方でした（Trubetzkoy (1958)，金田一 (1967)）。

(8)　伝統的な類型 (Trubetzkoy (1958))

　　a.　モーラ言語：日本語（東京方言），古代ギリシャ語，古典ラテン語，リトアニア語 …

　　b.　音節言語：英語，ドイツ語，ロシア語，イタリア語，近代ギリシャ語，ハンガリー語 …

日本語を例にとると，モーラが短歌や俳句，川柳などの詩のリズム（五七五，五七五七七）決める単位として働いています。

(9)　川柳

　　a.　日本中　あっちこっちで　たまごっち

　　b.　ハローから　バトンタッチで　ニーハオへ

　　c.　箸よりも　フォークが似合う　野茂英雄

　　d.　デジカメの　餌は何だと　孫に聞く

　これに対して近年の音韻研究では，モーラと音節が相対立する概念ではなく，同一言語体系の中で共存できる単位として捉えられています (Prince and Smolensky (2004))。

(10)　最近の音韻論

　　　　Prosodic Word（韻律語）
　　　　　｜
　　　　Foot（フット）
　　　　　｜
　　　　Syllable（音節）
　　　　　｜
　　　　Mora（モーラ）

　この考え方に基づくと，言語間の差異は，モーラと音節をどの現象でどのくらい用いるかという違いによって生じることになります。たとえばアクセント現象では，距離を測るときにどちらの単位を用いるか——つまりモーラを数えるか音節を数えるか(mora counting vs. syllable counting) ——という議論と，アクセントを担うのがモーラか音節かという議論が独立して存在するわけです(McCawley (1978))。日本語の方言だけ見ても，長崎方言のようにモーラで数え，モーラにアクセントを担わせる体系（mora-counting, mora system）もあれば，鹿児島方言のように音節で数え，音節にアクセントを担わせる体系（syllable-counting, syllable system）もあります。そしてその中間に，モーラで数え，音節にアクセントを担わせる体系（mora-counting, syllable system）が存在し，そこに東京方言をはじめとする日本語の多くの方言が属しているようなのです（Kubozono (2015b, 2017b)）。アクセント1つとっても日本語の中にはこのように多様な体系があります。方言ごとにモーラと音節の役割が異なるわけです。この分野もまた今後の本格的な研究が待たれる分野と言えます。

5.　音節構造の有標性

5.1.　開音節と閉音節

　伝統的な音韻研究では，人間の言語は開音節言語と閉音節言語の2種類に大別できると言われていました。開音節（open syllable）とは母音で終わる音節のことで，そのタイプの音節が多い言語は開音節言語と言われています。一方，子音で終わる音節は閉音節（closed syllable）と呼ばれ，そのような音節が多い言語は閉音節言語というわけです。日本語やイタリア語は典型的な開音節言語であり，単語の最後の母音を伸ばせるため，歌が歌いやすい言語だとしばしば言われてきました。これに対し，閉音節言語の代表とされてきたのが英語です。この違いは身体名称などの基本語彙を比較してみるとよくわかります。

　　(11)　日本語と英語の音節構造
　　　　　頭（a.ta.ma）　head
　　　　　鼻（ha.na）　　nose
　　　　　手（te）　　　　hand
　　　　　口（ku.ti）　　mouth
　　　　　足（a.si）　　　foot

　このような伝統的な類型に対し，現在の音韻論では開音節と閉音節が相対立するものではないとされています。これらの2種類の音節構造が二者択一的なものではなく，開音節が閉音節より

基本的な（無標な）構造であるというのが現在の一般的な考え方です。

　その考え方を支えているのが，赤ちゃんが開音節から獲得し，その後で閉音節を獲得するという事実です。日本語のように開音節が多い言語のみならず，英語のような閉音節を多用する言語でも，赤ちゃんは閉音節より開音節を先に獲得すると言われています。(12) のように閉音節を開音節に変える現象は報告されていますが，逆方向の変化は報告されていないことから（Yavaş (1998)），閉音節の存在は開音節の存在を含意することがわかります。

(12)　dog → [da], [da.da]
　　　cat → [ka.ka]
　　　milk → [mi]

　成人の言語においては，ハワイ語のように開音節だけしか持たない言語はあっても，閉音節しか持たない言語はないとされています。どの言語でも赤ちゃんは閉音節より開音節を先に獲得するため，閉音節を許容する言語にも必ず開音節は存在するわけです。それに対し，開音節という基本的な音節構造だけしか許容しない言語もあります。言語間の差は，基本的な構造である開音節でとどまるか，それとも，より難しい構造である閉音節も許容するかという違いなのです。日本語はほぼ前者のタイプであり，英語は後者のタイプということになります。

5.2. 頭子音

開音節と閉音節の違いは母音の後ろの子音（尾子音，末子音，coda）が存在するか，しないかという違いです。尾子音に対して，母音の前にある子音を頭子音（onset）と言います。前節では，尾子音は存在しない方が基本的であると述べましたが，これに対し，頭子音は存在する方が基本的だとされています。このことはさまざまな現象から確認できます。

その1つが英語の不定冠詞（a, an）の歴史です。現代英語ではan より a のほうが基本的だと思われがちですが，歴史的には an がはじめに存在し，そこから a が発生しました（an は one と同源です）。このプロセスには，閉音節（つまり尾子音）の存在を嫌って，開音節を作り出そうという力が働いています。an book より a book のほうが，閉音節が少ない分だけ基本的な構造だというわけです。

これに対し，egg や apple のように母音で始まる単語の前では元祖の an が残りました。というのも，実際の発音では an の尾子音 n が次の音節と一緒に発音され，an egg や an apple が a negg, a napple となります。つまり an の尾子音が egg や apple の頭子音となって発音されるわけです。一方では an の尾子音がなくなって a という開音節の構造が作り出され，他方では egg という頭子音を持たない構造が頭子音を持つ構造（negg）に変わりました。an の n を落とさないことによって一石二鳥の効果が生じたわけです。

(13)　an egg → a negg

　音節にとって尾子音が必要ではなく，頭子音が必要であること
は，次のような語形成にも表れてきます。たとえば，英語の名詞
に -ist という接尾辞が付いて「人」を表す名詞が作られる場合，
(14a) のように子音で終わる語に付く場合には -ist がそのまま
付くのに対し，(14b) のように母音で終わる語に付く場合には，
-ist の直前の母音が消えてしまいます。これは一般に母音の連続
(hiatus) を避けるために起こる現象だと考えられていますが，音
節構造の観点から見ると，母音で始まる音節 (ist) を避けるため
の変化と見ることができます。これに対し (14a) では -ist の前
の語が子音で終わっているため，この子音が ist と結びついて頭
子音を持つ音節となっています。an egg から a negg という構造
が作り出されたように，violin-ist という構造から violi-nist とい
う構造が作り出されているのです。ここでも，一方では尾子音を
避け，他方では頭子音を作り出すという一石二鳥の現象が観察さ
れます。

(14) a.　violin + ist → violinist（バイオリン奏者）

　　　　medal + ist → medalist（メダリスト）

　　b.　piano + ist → pianist, *pian[o].ist（ピアニスト）

　　　　cello + ist → cellist, *cell[o].ist（チェリスト）

　同じ変化が名詞 + ese という語形成にも現れます。China や

Burma のように母音で終わる語の後に -ese [iːz] が続く場合には，ese が頭子音なしの音節にならないようにするために直前の母音（China や Burma の a）が消えます。これに対し Japan のように尾子音（つまり閉音節）で終わる語に -ese が続く場合には，Japan の最後の子音を ese の頭子音とすることによって「閉音節を避ける」「頭子音のない音節を避ける」という一石二鳥の効果が生じています。

(15) a.　Japan ＋ ese → Japanese

　　　　mother ＋ ese → motherese

　　b.　China ＋ ese → Chinese, *Chin[a].ese

　　　　Burma ＋ ese → Burmese, *Burm[a].ese

　頭子音を持つ音節構造が好まれるのは日本語でも同じです。日本語では母音で始まる要素が語の途中に現われる場合，子音を新たに挿入することによって頭子音のない音節が生じるのを避けようとします。(16a) のように「てんおう」「さんい」「ぎんあん」となるはずの語に，子音が挿入されて「てんのう」「さんみ」「ぎんなん」となったり，(16b) のように「雨（あめ）」が「さめ」と発音されるようになったのはこのためです。

(16) a.　天皇 (ten.noo)，三位 (sam.mi)，銀杏 (gin.nan)

　　b.　春雨 (haru.same)，氷雨，小雨，秋雨

　　c.　黒―真っ黒 (mak.kuro)，赤―真っ赤 (mak.ka,

　　*mak.[a]ka），青—真っ青（mas.sao）

　（16c）は強調のために促音（っ）が挿入される現象ですが，青
（ao）は母音で始まっているために語頭に [s] が挿入されました。
一方，赤（aka）は同じく母音で始まっていますが，ここでは語
頭の母音 [a] を消して促音が挿入されています。青（ao）では子
音を挿入して「子音＋母音」という構造（sao）を作り出し，赤
（aka）では母音を消去して，「子音＋母音」という構造（ka）を作
り出しています。子音を入れるか母音を消すかという手段は異な
りますが，ともに，母音で始まる音節を避けようとする力によっ
て生じた現象です。

5.3.　残された問題

　音節構造に関する問題で興味深いテーマの１つが二重母音
（diphthong）をめぐる問題です。二重母音とは同じ音節に属する
母音連続を指します。英語が /ai/（*bike*），/au/（*out*），/oi/（*oil*），
/ei/（*eight*），/ou/（*coat*）などの二重母音を有していることはよく
知られていますが，日本語の二重母音についてはあまり議論があ
りませんでした。音声学的には，（17a）のように母音の聞こえ度
が下がる母音連続，つまり口が開いた状態から閉じる方向に動く
母音連続が二重母音を形成しやすく，一方（17b）のように聞こ
え度がほぼ同じ母音連続や，（17c）のように聞こえ度が上昇する
母音連続は二重母音を形成しにくいと言われています。しかし，

これは言語一般に見られる傾向を述べたものであり，個別言語においてどの母音連続が二重母音となるかということは別の問題です。

(17) a.　/ai/, /au/, /ae/, /ao/, /oi/, /ou/, /ei/, /eu/

　　 b.　/iu/, /ui/, /oe/, /eo/

　　 c.　/ia/, /ua/, /ea/, /oa/, /ie/, /io/, /ue/, /uo/

　また形態論的な観点からは，1つの形態素内に生じることが二重母音の条件とされ，たとえば「俳句 (haiku)」の /ai/ に対して「歯医者 (haisya)」の /ai/ はこの条件を満たしていないとされています。しかし，これもまた二重母音の必要条件を述べただけであり，十分条件ではありません。個々の言語において何が二重母音として機能しているかは別の議論です。

　先行研究を見ると，日本語においてどの母音連続が二重母音となるか，いくつか異なる解釈が提示されています。たとえば川上 (1977) は6つの母音連続 (ai, oi, ui, ae, ao, oe) を二重母音として認めています。これらはいずれも和語の形態素 (たとえば「貝，甥，悔い，妙，顔，声」など) に生じる母音連続です。これに対し斎藤 (1997) は，/au/ を二重母音に加える一方で，/ao/ と /oe/ を二重母音から外しています。さらに，木部 (2000) と Kubozono (2004) は方言アクセントの分析をもとに，/ai/, /oi/, /ui/ の3つだけを二重母音と認定しています。以上の3つの分析に共通している二重母音は /ai/, /oi/, /ui/ の3つということに

なります。

　このような複数の解釈が出てくる背景には「二重母音＝単一の音節に生じる母音連続」という二重母音の定義そのものが深く関わっています。英語のように音節を基調として単語の長さなどを測る言語と違い，モーラを基調とする方言が多い日本語では，もともと「音節」という概念が明確ではありません。このため，「どの母音連続が一つの音節に収まるか」という二重母音の認定もまた明確ではなかったと考えられます。

　しかし二重母音の認定が不可能かというと，そういうわけではありません。日本語でも音韻規則の中には，モーラではなく音節を数えるものや，音節境界に言及するものがいくつも存在します（Kubozono（2015a），窪薗（1999, 2006））。そのような規則では，/an/ や /aa/ といった2モーラ構造が /aka/ のような2モーラ構造とは異なる振る舞いを示すことから，/ai/ や /au/ などの母音連続がどちらの振る舞いを見せるか分析することによって，どの母音連続が1音節として機能しているか，たとえば /ai/ が二重母音を形成しているかどうかを判定することができます。もちろん，この問題は体系ごとに検討されるべきものであり，日本語のように方言ごとにアクセント規則が異なるという場合には方言ごとの分析が必要となるわけです（Kubozono（2015b, 2016b））。日本語の方言は多様なだけに，今後の詳細な分析が期待されます。

参考文献

Fujimoto, Masako (2015) "Vowel Devoicing," *The Handbook of Japanese Phonetics and Phonology,* ed. by Haruo Kubozono, 167–214, De Gruyter Mouton, Berlin.

Ito, Junko and Armin Mester (2003) *Japanese Morphophonemics: Markedness and Word Structure,* MIT Press, Cambridge, MA.

Jakobson, Roman (1941/68) *Kindersprache, Aphasie und allegemeine Lautgesetze* (*Child Language, Aphasia and Phonological Universals*), Mouton, The Hague. [邦訳「幼児言語，失語症および一般音法則」服部四郎（編・監訳）(1976)『失語症と言語学』岩波書店，東京]

川上蓁 (1977)『日本語音声概説』桜楓社，東京.

木部暢子 (2000)『西南部九州二型アクセントの研究』勉誠出版，東京.

金田一春彦 (1967)『日本語音韻の研究』東京堂出版，東京.

金田一春彦・林大・柴田武（編）(1988)『日本語百科大事典』大修館書店，東京.

窪薗晴夫 (1999)『日本語の音声』岩波書店，東京.

窪薗晴夫 (2003)「音韻の獲得と言語の普遍性」『音声研究』7(2), 5–17.

Kubozono, Haruo (2004) "What Does Kagoshima Japanese Tell Us about Japanese Syllables?" 影山太郎・岸本秀樹（編）『日本語の分析と言語の類型』，75–92，くろしお出版，東京.

窪薗晴夫 (2006)『アクセントの法則』（岩波科学ライブラリー118），岩波書店，東京.

Kubozono, Haruo, ed. (2013) *Special Issue on Japanese Geminate Obstruents, Journal of East Asian Linguistics*. Vol. 22, No. 4

Kubozono, Haruo (2015a) "Diphthongs and Vowel Coalescence," *The Handbook of Japanese Phonetics and Phonology,* ed. by Haruo Kubozono, 215–249, De Gruyter Mouton, Berlin.

Kubozono, Haruo (2015b) "Japanese Dialects and General Linguistics," *Gengo Kenkyu* 148, 1-31.

窪薗晴夫（2016a）「日本語音声の謎と難問」『日本語学』vol. 35-5 特集「日本語の難問」2-12, 明治書院, 東京.

Kubozono, Haruo (2016b) "Diversity of Pitch Accent Systems in Koshikijima Japanese," *Gengo Kenkyu* 150, 1-31.

Kubozono, Haruo, ed. (2017a) *The Phonetics and Phonology of Geminate Consonants*, Oxford University Press, Oxford.

Kubozono, Haruo (2017b) "Pitch Accent," *The Cambridge Handbook of Japanese Linguistics*, ed. by Yoko Hasegawa, Cambridge University Press, Cambridge.

McCawley, James D. (1978) "What Is a Tone Language?" *Tone: A Linguistic Survey*, ed. by Victoria Fromkin, 113-131, Academic Press, New York.

Prince, Alan and Paul Smolensky (2004) *Optimality Theory: Constraint Interaction in Generative Grammar,* Blackwell, Malden, MA.

斎藤純男（1997）『日本語音声学入門』三省堂, 東京.

Stoel-Gammon, C and J. Dunn (1985) *Normal and Disordered Phonology in Children,* University of Park Press, Baltimore.

Trubetzkoy, N. S. (1958/69) *Grundzüge der Phonologie (Principles of Phonology),* University of California Press, Los Angeles.

Vance, Timothy J. (2015) "Rendaku," *The Handbook of Japanese Phonetics and Phonology,* ed. by Haruo Kubozono, 397-441, De Gruyter Mouton, Berlin.

Vance, Timothy J. and Mark Irwin, ed. (2016) *Sequential Voicing in Japanese: Papers from the NINJAL Rendaku Project* (Studies in Language Companion Series 176), Amsterdam/Philadelphia: John Benjamins.

Yavaş, Mehmet (1998) *Phonology: Development and Disorders*, Singular Publishing Group, San Diego.

第 4 章

日本語学の課題
—「記述」と「理論」の壁を越えて—

三宅　知宏

大阪大学

1.　はじめに

　本章は，共時的な日本語研究，とりわけ「文法」の分野におい
て，これからの課題と考えられることを述べてみようとするもの
です。[1]

　この分野は，現在，「記述」ということを前面に出す研究と，
生成文法や認知言語学等の，特定の「理論」に基づく研究との間
に「壁」があるように思われます。このような現状は望ましくな
いという立場から，両者の相互活性化につながる方策を探ってみ
たいと思います。

---

[1] 日本語研究において，一般に「文法」と呼ばれる分野は，統語論／形態論
／意味論・語用論の一部を含む，広義のものととらえられています。

　次の2節で，筆者の認識している現状と，それに対する今後の方策について述べ，3節で，具体的な事例を紹介します。

2.　現状と今後の方策

2.1.　現状

　以下の引用は，日本語学会 2014 年度秋季大会で行われたシンポジウム「一般言語理論と日本語研究」の趣旨の一部です。本章の問題意識と共通しています。

> (1)　個別言語としての日本語の研究と，特定の言語に限定しない一般言語理論の研究は，決して矛盾するものではないにもかかわらず，現在，両者の間にはある種の「乖離」が見られます。日本語研究において蓄積されている豊富なデータ，記述，一般化が，必ずしも十分には一般言語理論の研究に反映されていない，あるいは，それらを一般言語理論の知見に基づいて検証しようとする試みが少ないといったことが，現状であるように思われます。

　上の引用では「乖離」という表現が用いられていますが，本章では，「壁」と表現しておきます。いずれにしても，同じ日本語をデータにした言語研究でありながら，記述ということを前面に出す研究と，生成文法等の特定の言語理論に基づく研究との間に

は大きな隔たりがあるということです。

　このような現状について，もう少し具体的に見てみましょう。

　まず，現在，文法分野の共時的な日本語研究（現代語研究）において，研究者数の点で多数と思われる"「記述」を前面に出す研究"の特徴について述べます。概ね，次のようなものです。

　①特定の言語理論のモデルを用いない。②日本語教育という実用面への応用を視野に入れている（ていた）。③伝統的な日本語研究（国語学）の影響をほぼ受けていない。[2]

　上の①が重要で，「記述」の名のもとに，意識的に理論的なモデルを用いた分析を避ける傾向があると言えます。「記述すること」と「理論的に説明すること」は本来，矛盾するものではないにもかかわらず，この分野における「記述」は，「非理論」のことと言ってもよいような状況にあります。

　これは②とも関連します。抽象度の高い「理論」を用いた研究は，日本語教育という実用の面で，（直接的には）役に立たないとみなされてきたということです。たしかに，実用のためには，精度の高い記述があればよく，抽象的な説明は不要と考えることには，ある程度の合理性があると言えます。

　日本語教育という実用面への応用を視野に入れた研究ということに関しては，明らかに，この分野の開拓者的な存在である，寺

---

　[2] これとは別に，奥田靖雄を中心とした「言語学研究会」の研究も，「記述」を前面に出す研究と言えますが，ここでは議論しません。

村秀夫の影響が考えられます。寺村（1982）のように，寺村の研究がまさにそのような性格のものであり，そして寺村の研究に，新しい現代語文法研究の魅力を感じた者が多かったのだと思われます。[3] 寺村の影響を，直接，間接に受けているということを，この分野の特徴として加えてもよいほどです。

　しかしながら，現在，この分野の研究が全て実用的な面を重視しているかと言うと，必ずしもそうではなくなってきたと言わざるを得ません。前述の②で，（　）付きで「ていた」と記したのはそのためです。

　「日本語教育のための文法」ということを積極的に打ち出す研究が見られるようになったのは，そのあらわれのように思われます。この点も含めて，現在のこの分野が抱える問題点については，後述します。

　もう１つの③についても簡単に述べておきます。

　「記述」を全面に出す研究は，伝統的な日本語研究（国語学）とも距離を置いてきたと言えます。伝統的な日本語研究の影響下にある現代語の文法研究は，「記述」派の研究者の目には思弁的に過ぎる（実証性に欠ける）と映ったからだと思われます。[4]

---

　[3] ただし，寺村自身は，「記述」という用語／概念を特に重視して用いているわけではありませんし，「理論」に対して，否定的であったわけでは決してありません。むしろ，生成文法理論を積極的に紹介していたことで知られています。そのため，寺村は，多くの理論的な研究を行っている研究者にも影響を与えています。この二面性はとても興味深く思われます。
　[4] 伝統的な日本語研究（国語学）の継承の下に文法研究を行う研究者からは

　両者の関係についての詳細は，本章の論旨から外れますので，ここで述べることはしませんが，本章の論旨に関わることとして，現代語の研究であっても，伝統的な日本語研究（国語学）の強い影響下にあるものは，「記述」を前面に出す研究とは見なされない，ということは繰り返しておきます。

　さて，以上のように，文法分野の共時的な日本語研究（現代語研究）における“「記述」を前面に出す研究”を限定した上で，これと，“特定の言語理論に基づく研究”との「壁」について，具体的に述べます。

　便宜的に，「特定の言語理論」として，いわゆる「生成文法」と「認知言語学」を取り上げることにします。この２つに限定するのは比較的メジャーな理論であるということに他なりません。[5]

　まずは「生成文法」との関係についてです。

　この理論と，「記述」を前面に出す研究とは，70年代までは比較的良好な関係を保っていた，言い換えると，相互によい影響を与えていたと思われます。

　生成文法が日本語研究に与えた最も大きな影響は，非文法的なデータを用いた研究法の導入（“＊”を付したデータを用いた研

逆に，「記述」を全面に出す研究は本質的な「説明」をしようとしないというような，厳しい批判を受けています。

[5] 生成文法と認知言語学という理論相互の関係については，本章の関心の外にあるため，ここで議論することはしません。

究の導入）と言ってよいと思われます。[6] この研究法は，日本語教育という実用面への応用の際に，非常に有効であったということが背景にあります。すなわち，非母語話者による誤用を分析する際，また「どうしてそう言わないか」を日本語学習者に説明する際，非文法的なデータは重要であったということです。また，伝統的な日本研究（国語学）との差異化にも有効だったとも言えます。

　しかし，80 年代に入り，GB 理論と呼ばれる頃から疎遠になり，極小理論（ミニマリスト・プログラム）の現在は完全に別居状態であると言っても過言ではありません。

　理由は複数考えられます。理論が急速に進展し，専門の研究者でなければ，理論の枠組みをフォローしていくこと自体が難しくなったこと，理論の抽象度が増すほど扱われる言語現象が限定されたものになり，日本語研究者の興味とズレが生じたこと，データの文法性（容認性）判断があまりにも微妙になり，不信感が生じたこと等，多岐にわたりますが，現状では，両者の間の「壁」は非常に高いものになってしまった感があります。

　次に「認知言語学」との関係についてです。
　この理論と，「記述」を前面に出す研究との関係は，この理論

---

　[6] 生成文法が紹介される以前に，非文法的なデータを用いる研究がなかったというわけではありませんが，一般的になったのはやはり生成文法の影響と考えられます。

が紹介されはじめた当初から疎遠であったと言えます。生成文法の場合とは違い，相互に良い影響を与え合う良好な関係を持つことなく，現状に至っているということです。最初から「壁」があり，今もあるとでも言えるでしょうか。

　理由はやはり多岐にわたります。

　この理論が紹介される際に，生成文法との対立という側面が強調され過ぎ，そもそも生成文法に無関心な研究者への興味を喚起しにくかったこと，この理論に基づく研究において頻出する「図」あるいは「絵」のようなものの解釈が困難であり，また恣意的ではないかという不信感が拭えなかったこと，[7] 生成文法の場合と同じく，扱われる言語現象が，日本語研究者の興味とズレがあったこと等です。

　さらにもう1点，本質的なものではないのですが，特殊な理由もあると考えています。それは，「記述」を前面に出す研究が，伝統的な日本語研究（国語学）との差異化を求めたということと関係します。

　尾上（2001）のように，伝統的な日本語研究（国語学）の流れにある研究は，基本的な言語観等，さまざまな点で認知言語学と親和性があると言われています。[8] このことが一時期，喧伝され

---

　[7] 明らかな誤解なのですが，「認知言語学は絵を描いて終わりでしょ」というような批判を耳にすることが多かったのは事実です。

　[8] ただし，現代語の文法についての研究に関しては，研究者の数という点において，現在，伝統的な日本語研究（国語学）の強い影響下にある研究は多

たことにより，かえって「記述」を前面に出す研究との距離を作ってしまったのではないかと考えられるのです。自分たちが差異化を図ろうとしている立場の研究と親和性のある理論なら，近づく必要はない，という理屈です。

　なお，本章の関心の外にある，通時的な日本語研究（古典語研究）について言えば，現在においても，伝統的な日本語研究の影響下にあるものが多いと言えます。その点で，認知言語学との相互活性化は，今後，大いに可能性があると思われます（小柳（2016）等）。[9] しかし，現代語研究に関しては，生成文法の場合よりもさらに高い「壁」があると言わざるを得ません。

2.2.　「壁」の問題点

　生成文法，認知言語学のどちらであっても，「理論」に基づく研究と，「記述」を前面に出す研究との間には「壁」があるという現状をみましたが，これをどのようにとらえたらよいでしょうか。

　たしかに，「壁」を合理的な分業ととらえ，このままで問題なし，とする立場もあり得ます。

　しかし，本章は，この「壁」には大きな問題があると考えます。

　「理論」に基づく研究，「記述」を前面に出す研究のそれぞれの

いとは言えません。

　[9] 通時的研究（古典語研究）は，現在，現代語研究よりも比較的，若手の研究者の層が厚いと言えることが強みとしてあります。

側から，問題点を指摘します。

　まず，「理論」に基づく研究から述べます。この点に関しては，金水（1997）に適確な記述がありますので，少し長くなりますが，引用します。

　（2）　生成文法や認知言語学など欧米の言語理論に直接依拠
　　　　し，それを日本語にも適用しようとする「言語学」研究
　　　　者もまた，日本語を研究する新たな層として数えられ
　　　　る。この層の主な供給源は日本の「英文科」であり，留
　　　　学して欧米の大学で学位を取得することを一つの理想
　　　　とする。しかし残念なことに，そのような人たちは日
　　　　本語に関する基礎的な訓練がほとんどないまま欧米の
　　　　最新の理論的研究に立ち向かわなければならず，その
　　　　結果，理論を安直に日本語に適用しようとして，日本
　　　　語の事実を正しく捉えていないばかりでなく，理論の
　　　　発展にも当然ながらほとんど寄与しないというような
　　　　論文が生産されるという場合もまま見られるようであ
　　　　る。この人たちが読むのは狭い範囲の外国語（主に英
　　　　語）の文献だけで，日本語で書かれた論文は新旧を問わ
　　　　ず顧みられることが少ない。　　　　（金水（1997: 124））

　もちろん例外はありますし，全てがそうだとは言えませんが，多くの場合，上の金水（1997）の指摘はあたっていると思われます。日本語研究者であれば，言わば「常識的に」知っていること

がふまえられていないということは，しばしば目にします。

　誤った，あるいは浅薄な一般化を前提にした理論構築がなされることは，どんなに立派な「理論」であっても，やはり問題でしょう。後の3.1節で提示する事例は，ほんの一例に過ぎません。

　次に，「記述」を前面に出す研究に関して言えば，次のような問題があると言えます。

　この分野は，現在，研究の「行き詰まり」が指摘されることがあります。主要な事実は記述されつくしてしまい，新たな発見がしにくいためとされます。この分野における，比較的若手の研究者の減少はこの点と無関係ではないとされています。

　前述したところがあるように，もともと日本語教育という実用面への応用を視野に入れていたはずが，しだいにそのような性格が薄れてしまったことも，「行き詰まり」感を助長しているようです。

　このような「行き詰まり」を打破するために，他言語あるいは方言との対照研究，コーパスを使った定量的な研究，日本語教育への応用に特化した「日本語教育文法」を模索する研究等が盛んになってきていますが，決定打になっているとは言えません。

　残念なのは，「行き詰まり」を打破するために最も有効だと思われる，「理論」に基づく研究との相互活性化が，ほとんど試みられていないことです。

　豊富に蓄積されている，記述された言語事実を，理論を通して見直してみた場合に，より興味深い一般化が得られる可能性があります。

　また，優れた理論は，予測性を持っているはずですので，理論に従って日本語を見つめ直すことにより，新たな発見，一般化を促すという可能性もあります。

　このような可能性を考えると，「行き詰まり」どころか，やるべきことは山のようにあるとさえ思われます。後の 3.2 節と 3.3 節で，簡略ですが，事例を示します。

　つまり，「行き詰まり」を感じること自体が，「理論」に基づく研究との間に「壁」があることの弊害だと考えられます。

2.3. 「壁」の乗り越え方（壊し方）

　それでは，「壁」の問題点をふまえた上で，今後の方策として，どのようなことが考えられるでしょうか。

　最も望ましいのは，言語理論に精通し，同時に，日本語の研究史および言語データにも精通している研究者が増えることですが，それぞれが高度に専門化していることを考えると，その実現は簡単ではないと思われます。

　特に，若い世代の研究者の養成という面でみた場合，現在の大学・大学院のシステムでは，そのような研究者を育てることは容易ではありません。短期間で博士の学位を取得しなければならない現状では，ある程度，自らの専門に集中せざるを得ないためで

す。また，日本語研究者の場合で言うと，特定の言語理論に精通することが，必ずしもポストを得るために有利に働くわけではありません。

　現実的なのは，一人で全てをこなすのではなく，それぞれの立場の研究者が交流し，あるいは共同研究することを促進することではないかと考えます。たとえば，藤田・西村（2016）などは好例で，このような試みは今後もっとなされていくべきでしょう。

　ただし，日本語研究者について言うと，「理論」について全く知らない状態では，交流することもままなりません。その理論の枠組みで研究ができるほどの知識は不要ですが，「さわり」だけでも知っておく必要があります。

　「記述」を前面に出す研究を行う研究者の喫緊の課題は，「理論」に基づく研究を行う研究者との交流（さらには共同研究）に耐えうる程度の，「理論」に関する知識を持つこと／持とうと努めることではないかと考えます。

　なお，そのためには，大学・大学院における教育のあり方，また学会のあり方等，環境面で考えていくべきことも多くあると思われますが，そのような提言については，本章の範囲を超えるものですので，ここでは控えておきます。

3.　事例

　この節では，前節で述べたことの具体的な事例を紹介します。

ただし，紙幅の都合上，概略の紹介にとどまります。詳細は，適宜，示される文献を参照してください。

3.1.　理論的研究が日本語の事実を正しく捉えていない例
　　　—WH 疑問文—

「生成文法の枠組みでなされる統語論的な分析」において一般的な仮定は，「WH 要素と "か" との間にスコープが表示される」というものです。[10] たとえば，次の (3a) のように "か" が主文末にある場合に，全体が WH 疑問文として解釈されるとするものです。

(3) a.　太郎は［花子が何を読んだと］言いましたか？
　　 b.　太郎は［花子が何を読んだか］言いました。

　　　　　　　　　　　　　　　　　　　（西垣内・石居 (2003: 114)）

これに対し，日本語研究における記述では，全く逆の一般化がなされています。

(4) *次は何を見るか（↑）　　　　（益岡・田窪 (1992: 137)）
(5) 　質問型の疑問語疑問文は，普通体では，原則として「か」が使えない。　　　　　　　　　　　　　　　　　　　　　（同）

---

[10] 英語の「WH 移動」における「WH 要素」と「痕跡」との関係に相当すると仮定されています。

上のように，日本語の WH 疑問文では，基本的に文末に"か"は現れないという記述がなされていて，広く受け入れられています。

詳細は，三宅（2015）を参照していただきたいのですが，どちらが正しいかは明らかです。(3a) は主文末の述語をいわゆる「ていねい体（マス形）」にしているところがポイントで，普通の形（益岡・田窪（1992）では「普通体」）では，下の (6) (7) に見られるように，WH 疑問文の文末に"か"は生起できません。(8) のような記述が妥当と思われます。

(6) a.　太郎がそう言ったの {か／*だ}？　　　［肯否疑問文］

　　 b.　太郎が何を言ったの {*か／だ}？　　　［不定語疑問文］

(7) a.　社長は彼 {か／*だ}？　　　　　　　　［肯否疑問文］

　　 b.　社長は誰 {*か／だ}？　　　　　　　　［不定語疑問文］

(8)　主文の場合，肯否疑問文は，文末に省略可能な"か"が生起するが，不定語疑問文は，生起しない。

また，「ていねい体」にしないと"か"はおかしいということにうすうす気づいているからか，次例のように，"か"の代わりに，"の"が用いられた例文を見かけることがありますが，これは，単純に"の"を"か"の異形態のようにみなす仮定が間違っています。

(9)　どこに行く {*か／の}？

詳細は，三宅（2015）を御参照いただくしかありませんが，“の”
は疑問標識などではなく，肯否疑問文の場合は“のか”の省略形，
不定語疑問文の場合は“のだ”の省略形とみなすのが妥当です。
したがって，“か”ではなくても“の”という「標識」が主文末に
生起するという仮定も退けられます。

　日本語の WH 疑問文の主文末には，特別な「標識」は生起し
ない，ということが正しい記述であるにもかかわらず，生成文法
の枠組みによる研究の多くは，そのような前提に立っているとは
言えません。当然，それがよいことだとは全く思えません。

3.2. 言語理論に基づいて検証すると興味深い知見が得られる例 ―岡山方言の WH 疑問文―

　岡山方言には，WH 疑問文に関して，非常に興味深い現象が
観察できます。[11] 下の（10a）が方言形，（10b）がその標準語訳，
（10c）が述語の文法的情報になります。

(10) a.　どけー行きゃー／どけー行ったら／どこが良けりゃー／どこが静かなら／どこなら

　　 b.　どこへ行く？／どこへ行った？／どこが良い？／ど

---

[11] 地理的分布では，岡山県以外でも，広く中国・四国地方で観察できます
が，岡山方言以外ではさほど目立つ現象ではなく，使用者も限られます。それ
に対し，岡山方言でこの現象は，生産性も高く，幅広く認知されています。
若年層においても，使用する機会は少ないものの，理解は十分にできるレベル
にあります。

こが静かだ？／どこだ？

c.　動詞・非過去／動詞・過去／イ形容詞／ナ形容詞＋
　　ダ／名詞＋ダ

上の（10a）の文末の屈折形（下線部）は非終止形であり，通常は
「仮定」を表す屈折形（標準語における"〜ば"にあたる形）に
なっています。

　岡山方言では，WH 疑問文の場合に，そしてその場合のみに，
特別な屈折形が生じると言えます。

　紙幅の都合上，詳細は三宅（2015）を参照していただくしかあ
りませんが，この現象には次のような特徴があります。例文等の
具体的な記述は省略して示します。

　①述語の形態は，標準語の"〜ば"，"〜たら"，"〜なら"に相
当する，仮定条件を表す形態と同形である。②述語の形態（「仮
定形」）には時制の対立がある。③肯否疑問文では不可能である。
④主文のみの現象であり，補文（関節疑問文）では不可能である。
⑤いわゆる「WH 島の制約」に従う。[12]

　このような現象について，観察，記述はなされていても，それ
以上の分析はなされていませんでした。

　生成文法における「WH 疑問文」に関する研究をふまえて，こ

---

[12] 標準語においても，この制約は見られるとされていますが，ただ標準語
の場合は「解釈」によってしか検証できないのに対し，岡山方言は可視的に検
証できることになります。

の現象を改めて見直す場合，興味深く，かつ一般言語学的にも意味のある一般化が得られ，また，理論に対して重要なデータを供出することができると思われます。

たとえば，WH 要素が深く埋め込まれている場合，いわゆる「長距離」の場合についてみてみましょう。

英語では，いわゆる「架橋動詞 (bridge verb)」(Stowell (1981)) の場合のみ，「長距離」の移動が可能とされています。

(11) a.　What$_i$ did John say [that Mary stole t$_i$]?

　　　b. * What$_i$ did John whisper [that Mary stole t$_i$]?

ここで言う「架橋動詞」とは，上の (11a) の "say" のような，意味的に「軽い」動詞とされています。このような場合，深く埋め込まれた位置からでも，WH 要素は文頭まで移動でき，WH 疑問文として成立しています。これに対し，(11b) の "whisper" のような意味的に「重い」動詞の場合は，「非架橋動詞」と呼ばれ，文頭への移動は不可能です。

これを岡山方言で検証してみると，ほぼ同じ一般化が成り立つことが分かります。

(12)　えーつは [でーが来た (て)] 言うたら

　　　（あいつは「誰が来た」と言った？）

(13) *えーつは [でーが来たて] いがったら

　　　（*あいつは「誰が来た」と叫んだ？）

上の（12）のように，動詞が"言う"の場合は，文末の屈折形を見れば分かるように，この現象が可能です（WH 疑問文として成立しています）。これに対し（13）のように，動詞が"いがる"（"叫ぶ"）ような「非架橋動詞」では，不可能です。

　なお，岡山方言の「架橋動詞」は"言う"と"思う"の 2 語のみですので，「架橋動詞」の範囲は英語よりも狭いと言えます。

　さらに，この「架橋動詞」をめぐっては，このタイプの動詞の場合のみ，いわゆる「補文標識削除」が可能であるという事実も指摘されていますが，この点についても岡山方言は同様と言えます。以下の議論では，日本語において「引用節」を導く助辞とされる"と"を，英語で「補文標識」と呼ばれる"that"に相当するものと仮定しておきます。次例を参照してください。

(14) a.　John said ϕ Mary stole a diamond.

　　　b. * John whispered ϕ Mary stole a diamond.

(15) a.　太郎が盗んだϕ言よーたで

　　　　　（太郎が盗んだと言っていたぞ）

　　　b. *太郎が盗んだϕいがりょーたで

　　　　　（太郎が盗んだと叫んでいたぞ）

(16) a.　わしゃー行こーϕ思よんじゃ

　　　　　（わしは行こうと思っているんだ）

　　　b. *わしゃー行こーϕ考えよんじゃ

　　　　　（わしは行こうと考えているんだ）

この「補文標識削除」に相当する現象は，方言研究の分野では
「ト抜け」と呼ばれることがある現象で，岡山方言にかぎらず，
広く西日本に分布していますが，標準語では，いかに「架橋動詞」
であっても "と" は省略できませんので，標準語のデータだけで
はこの現象は対照することができません。上例の（　　）内の標準
語訳を参照してください。

　少し専門的な議論になりますが，上のようなデータを用いる
と，いわゆる "That-trace effect"（That 痕跡効果）と呼ばれる現
象が普遍的であるかどうかを検証することもできると思われま
す。

(17)　Who$_i$ do you think ϕ t$_i$ saw John?

(18)　* Who$_i$ do you think that t$_i$ saw John?

(19)　（おめーは）でーが太郎を見た ϕ 思やー
　　　　（（お前は）だれが太郎を見たと思う？）

(20)　（おめーは）でーが太郎を見たって思やー
　　　　（（お前は）だれが太郎を見たと思う？）

いわゆる "That-trace effect" について詳細を説明する余裕はあ
りませんので，この部分は，この現象について御存知の方のみに
御理解いただくことになりますが，(18) に対応する (20) は全
く問題ありませんので，少なくとも岡山方言において "That-trace
effect" は存在しないことが分かり，この現象が普遍的なもので
はないということが示唆されます。

3.3. 言語理論からの予測によって，新たな記述が可能になる例 ―付帯状況文―

早瀬（2002）に，いわゆる Figure-Ground の分化と「同時性」に関する，認知言語学の理論に基づいた興味深い分析があります。「分詞構文」を 2 つ以上の事態の「同時性」を示すものと仮定した上で，2 つの事態のどちらを Figure あるいは Ground とみなすかについて，非対称性があるということを述べたものです。下の (21) と (22)，(23) と (24) のような対比から，(25) のような一般化を導いています。

- (21) Walking along the street, I came across a strange group of musicians.
- (22) #Coming across a strange group of musicians, I walked along the street.
- (23) Attending the lecture on linguistics, I fell asleep.
- (24) #Falling asleep, I attended the lecture on linguistics.
- (25) アスペクト的に幅を持つ事態は Ground として分詞句に現れ，瞬間的・点的なアスペクトを持つ事態が Figure としてみなされる傾向にある。

ここで言う Figure は，より目立つもの，背景から浮かび上がるもの，のような意味で，Ground は背景として解釈されるもの，のような意味で理解してください。

分詞構文においては，「アスペクト的に幅のある事態 = Ground

＝分詞句」,「瞬間的・点的なアスペクトを持つ事態＝Figure＝主
節」ということが成り立つという仮説です。[13]

　概略の概略しか紹介することはできませんが,次の (26) で示
されているような "〜ながら" "〜たまま" "〜て" による日本語
の「付帯状況」を表す構文を,同時性を持つ分詞構文に相当する
ものと仮定した上で,前述の早瀬 (2002) の仮説を検証してみる
と,日本語のこれらの構文においても成り立つことが分かり,あ
る程度の普遍性があることが示唆されます。

　(26) a.　彼女は泣きながら,サヨナラと言った。

　　　 b.　彼女はうつむいたまま,サヨナラと言った。

　　　 c.　彼女は笑って,サヨナラと言った。

三宅 (1995) では,付帯状況構文が成立するための,形式の違い
を超えた制約として,次のような記述が行われています。

　(27)　付帯状況文として成立するためには,従属節中の述語
　　　　が,主節の述語よりも相対的に,アスペクト的に持続
　　　　的なもの／時間的な幅を持つものでなければならない。

この記述に至る議論の詳細は,三宅 (1995) を参照していただか
ざるを得ませんが,このような記述は,認知言語学の理論に裏打

---

　[13] 本来,点的な事態が「繰り返し」によって,時間的な幅を持った事態と
して解釈されるというような「解釈強制」(coerecion) という認知操作によっ
て,この仮説が成り立つことがあることも述べられています。

ちされた，早瀬の仮説に基づいてはじめて可能になったものです。理論が予測した記述と言えます。[14]

4.　おわりに

本章で述べたことをまとめると次のようになります。

共時的な日本語研究，とりわけ「文法」の分野において，「記述」ということを前面に出す研究と「理論」に基づく研究との間には，現在，「壁」が存在しますが，それを乗り越えて，相互活性化することは，望ましい結果をもたらすと考えられます。[15]

参考文献

尾上圭介 (2001)『文法と意味 I』くろしお出版，東京.

金水 敏 (1997)「国文法」『岩波講座 言語の科学 5 文法』岩波書店，東京.

小柳智一 (2016)「文法変化の諸相」『日本言語学会夏期講座 2016』日本言語学会

寺村秀夫 (1982)『日本語のシンタクスと意味 I』くろしお出版，東京.

西垣内泰介・石居康男 (2003)『英語から日本語を見る』研究社，東京.

早瀬尚子 (2002)『英語構文のカテゴリー形成――認知言語学の視点から

---

[14] 早瀬の分詞構文に関する仮説は，参照のしやすさから早瀬 (2002) を引用しましたが，それ以前にいくつかの論考で公表されており，三宅 (1995) の段階では既にそれを知り得る状況でした。時系列的な順序が間違っているわけではありません。

[15] 三宅 (2011) は，ささやかですが，そのような試みの1つと言えます。

　　　―』勁草書房，東京.

藤田耕司・西村義樹（2016）『文法と語彙への統合的アプローチ―生成
　　文法・認知言語学と日本語学―』開拓社，東京.

益岡隆志・田窪行則（1992）『基礎日本語文法―改訂版―』くろしお出
　　版，東京.

三宅知宏（1995）「～ナガラと～タママと～テ―付帯状況の表現」『日本
　　語類義表現の文法（下）複文・連文編』くろしお出版，東京.

三宅知宏（2011）『日本語研究のインターフェイス』くろしお出版，東京.

三宅知宏（2015）「対照方言研究の試み―不定語疑問文をめぐって―」
　　『鶴見大学紀要』52，鶴見大学.

Stowell, Tim (1981) *Origins of Phrase Structure*, Doctoral dissertation,
　　MIT.

第 5 章

社会言語学の課題
——ことばの選択を考える——[*]

嶋田　珠巳

明海大学

1.　はじめに

　社会言語学が扱う内容はじつに多岐にわたります。そのことからしても社会言語学の将来への課題を考えることは一筋縄にいきそうもないのですが，本章においては社会言語学の関心の最大公約数的な結び目として「ことばの選択」をとらえ，そこから社会言語学の全体像を俯瞰することから始めます。そのうえで「ことばの選択」について個別の事例を通して検討し，社会言語学の課

---

　[*] 本章のもとになるリレー講義の内容をまとめるにあたっては林徹先生のご助言が考察のきっかけとなったところが少なくありません。発表内容に関する西山佑司先生からの詳細なコメントはその後の考察につながりつつあります。シンポジウムセッションにおける上野善道先生，大津由紀雄先生からのコメント，オーディエンスからの質問にも得るところが多くありました。記して感謝いたします。

題を視野に入れた考察にまとめます。

2.　ことばの選択

　「ことばの選択」といったときに人によってイメージするもの
はさまざまです。社会言語学という一定の区切りを設けてみて
も，最初にコードスイッチングを思い浮かべる人もいれば，言語
政策における言語選択を思い浮かべる人もいるかもしれません。
多言語環境に行けば，町の標識や看板に使用されている言語が気
になるかもしれませんし，そんな目で日本を見れば，地下鉄に
も，空港からのバスにも，日本語以外の言語で案内があることも
最近は少なくありません。そういった町の風景における言語の選
択に気づく人もいることでしょう。言語景観にもまた，ことばの
選択のひとつが表れています。そしてまた一方で，「ことばの選
択」といったときに，目上の人にはより丁寧な言葉遣いを選ぶな
ど，いわゆる待遇表現のことを考えるかもしれません。

　「ことばの選択」というとき，その「ことば」は word と lan-
guage の両方の意味を含んでいます。社会言語学において「こと
ばの選択」というときには，ある言語ないし変種における言語形
式の選択を問題にしているのか，ある話者，あるコミュニティに
おける言語の選択を問題にしているのか，おおきく分けてこの二
つがあります。ともに社会言語学の中心的なトピックなのです
が，それらは，社会言語学の研究において別々に扱われることが

多く，ともに社会言語学の主要な分野を形成しています。

　本節においては，言語の選択と言語形式の選択をともに「こと
ばの選択」としておおきく括り，社会言語学における「選択」と
はどのようなものであるのかを検討し，社会言語学研究において
主要なトピックにみる諸事象を「ことばの選択」のもとに整理し
ていきます。言語選択の問題と言語形式の選択の問題の両方を同
時にみることにしたのは，その「選択」にはのちに見るような共
通性があるためにより根源的なところからのアプローチが可能に
なるということと，社会言語学における中心的な話題を包括的，
連続的に俯瞰してみることが「それぞれの学問領域の将来への課
題」を議論するというテーマ企画につながる考察が得られると考
えたためです。

2.1.　「選択」という考えかた

　社会言語学はその始まりにおいて，バリエーションに目を向け
ます。バリエーションとは「おなじ」と想定されるものに見られ
るばらつきと言いかえてもよいかもしれません。たとえば，おな
じ「A言語」といってもその姿かたちは均一ではなく，話者の社
会的属性やアイデンティティ要素などによって，実際に話される
言語および言語使用が異なっていることに社会言語学は目を向
け，実際に使用される言語の性質を言語使用者，すなわち話者の
存在基盤である〈社会〉との関係性において明らかにしようとし
てきました。言い方をかえれば，おなじ「A言語話者」といって

も，言語使用をうみだしていると考えられる，下位の集団的区分と諸要因によって，「A 言語話者，○○在住，男性，中産階級，30 歳，○○志向」というふうに，同一の言語コミュニティにいる話者をいくつかの社会的変数のもとに位置づけ，その言語使用の理論化を行ってきたのです。ここにおいてある程度の「抽象化」が保たれていることは確認されるべきなのですが，「話者」を語る変数をもつということは話者の存在が言語理論において少し見えやすくなることにつながります。そのことはさらに，「話者」の主体性をみとめ「言語は話者が変える」という見方をより許容しやすくする意味において，言語体系に対する話者の関与を理論的な背景としてもつことを可能にしています。

　社会言語学のたしかな基礎を築いたラボフ（William Labov）の先駆的な研究よりも早い時代の研究には「社会言語学」が重要な言語学の領域として育っていくところの萌芽が垣間見えます。そのひとつ，「ある言語的変異体の選択に及ぼす社会的影響」と題された 1958 年の論文において，フィッシャー（Fischer, John L.）は，子どもの -ing の発音の [ŋ] と [N] のあらわれを観察し，「二変異体間の選択」としてとりあげています。変異体の使用を話者の選択とみなす，このような傾向はフィッシャーに限ったことではなく，その後の研究においても，スタイルや社会言語的変異は話者個人の「選択」にかかわっているとされてきました（Milroy and Gordon (2003)）。

　社会言語学において「主体的に選択する話者」観が中心的にあ

ることはその理論的前提を確認するうえで重要です。つねにみず
からの意思をもって言語行動をおこない，世界にたいして積極的
に関わる「ひと」を暗黙のうちに想定しています。すなわち，言
語使用の多様性を扱う理論的手だてとして，主体的選択を行う話
者という前提があるわけです。いくつかの可能性があったときに
他ではなくある言語形式を用いる，あるコードを用いるというと
き，それは「選択」ということばで説明／記述されてきました。

　なかでもクルマス（Florian Coulmas）は「話者の主体的選択」
という見方を前面に出しています。クルマスが著した入門書の題
目『社会言語学——話者の選択に関する研究』には，話者の選択と
いうところから社会言語学の主要なトピックを描き出す著者の試
みが見てとれます。クルマスにとって「社会言語学は選択の言語
学」であり（ibid: 9），その理論においては，赤ちゃんのときか
ら選択している，自由意志をもった主体的な人間像があらわれま
す。選択することは人間の条件の中心的なことがらであるとし，
社会言語学の中心的なテーマである，ことばの使用における多様
性を扱うときにもその考えを敷衍します。共存する変種，変異体
のどれを選択するかというところには制限があり，その選択は構
造に関する規則ではないからといってまったく無秩序であるので
はなく，集団の志向や社会的規範に関係しています。そのところ
を明らかにする学問として「選択の言語学としての社会言語学」
を立てているのは興味ぶかいことです。

2.2.「選択」における意図性

　わたしたちが日常に使っている「選択」ないし一般的な意味合いにおける「選択」には，多かれ少なかれなんらかの意志ないし意図性が含まれている語感があります。『新明解国語辞典』（第7版）によると，選択とは「幾つかの中からよい（適当な）ものを選ぶこと」とあり，さらに「選ぶ」ことの意味を問えば「条件を備える最も好ましいものとして，幾つかの中からそれを取り出す（に決める）」とあります。選択は，ある条件のもとでいくつか可能性があるときにあるものを取り出す，理性的判断を伴う行為であると考えられます。

　そのような，一般的な「選択」の意味合いに比して，社会言語学研究における「選択」はいつも意志や意図を伴うものではなく，ある言語形式が他の可能性（すなわち変異体 variants）と並んであってそれが「使用」されるときに「選択」としてとらえる傾きがあります。すなわち，選択の結果としての「使用」がそのまま「選択」として説明及び記述されたのです。話者がある場面において複数の言語コードの間をいったりきたりする現象，すなわちコードスイッチングにおいて，とりたてて話者の意図を介することなく，その条件のもとに自然な言語が用いられていることを，マイヤーズスコットン（Carol Myers-Scotton (1993)）は「無標の選択」（unmarked choice）として説明しました。無意識的な言語使用は有標ではないものの「選択」と見なすわけです。クルマスもこれを踏襲し，「気づかないことも多いのだが，無標の選択

は選択である」と述べています。

　クルマスにおいて「話者は行動的かつ創造的な媒体で，言葉の手段を選択することができ，そうすることによって協力的である」(2013: 14) とされます。このような話者観は，社会における共同知であるところの言語ないし集合的な現象として言語変化を考えるときに合理的であるにちがいないのですが，話者がある「選択」をしているというときに，それがかならずしも意図を介した選択の結果としての言語使用，言語行動ではないことがあること，さらにその，いわば「無意識的な選択」にはそれを無意識的に選択させている条件，環境的制約があるということに気づいておくことは重要なことでしょう。

　話者の「選択」の主体性，意図性について，同様のことは社会的な事象を考えるときにもあてはまります。たとえば，出生率が低下したというときに，女性が主体的にこどもを生まないという「選択」をしたのでしょうか。クルマスによれば，このようなことも女性の選択となるのですが，どのような社会的背景ないし環境的条件のもとにこのような「選択」が行われたかにも考察の範囲は及びます。関連して，Denison (1977) の論文の標題「言語の死か言語の自殺か」に代表されるように，「言語の死」といったときの「死」の主体および「死」への主体的関与の問題があります。言語の死は最後の話者の死であり，話者自身が話さないことを決めているのだから，あるいは Forsman (2016) がいうように「親が媒体である」のだから，「自殺」であるというメタ

ファーで語ることができるのかもしれません。さらには，主体の
意図とは関係なしに状況だけがそうさせた，「他殺」（language
murder）といったメタファーで語られることもあります。これ
らのメタファーは消滅する言語の問題に注意を喚起する効果があ
りますが（Dorian（1994）），「ことばの選択」を考えるうえでも，
話者と話者の置かれた環境の影響関係をみる方向に私たちを導く
ように思います。

3.　ことばの選択をめぐる社会言語学の話題

3.1.　ことばの選択に関わる条件

　ことばの選択にはどのような条件が関わっているでしょうか。
異なる言語を話す人どうしがコミュニケーションをはかるときに
は，相手の言語に関する知識があればそれを利用するかもしれま
せんし，どちらも知らなければ新たな言語を生み出すかもしれま
せん。あるいは，リンガフランカすなわち地域の通用語として機
能する言語があればそれを用いるのが自然でしょう。もしどちら
もお互いの言語を知っていたとしたらどうでしょうか。一対一で
あれば，相手への配慮，力関係がどちらの言語を使用するかに影
響を与える要因になります。集団どうしが接触したときはどうで
しょうか。さらに如実に，言語に伴う権力あるいは経済力といっ
たことが，使用言語の選択に関わるかもしれません。
　ことばの選択には，環境的制約があります。すなわち，話者の

言語能力による制約（そのコミュニティにいる人々あるいはその
コミュニケーション場面にいる話者は何語が話せるのか）があり，
さらに集団・個人の力関係が関係しています。その力関係は，た
とえば植民地化による言語の統制のような場合には，支配側・被
支配側といった力関係があるでしょうし，一般的には，経済にお
ける優位性を反映させた言語市場における相場が関係しているこ
とが多くあります。また力関係は，小規模なコミュニケーション
場面においては，目上か目下か，人数などによっても変わってく
るでしょう。言語使用は個々の文脈においてさまざまで，要因相
互の複雑性もあるので一概化できませんが，言語の選択，言語形
式の選択には環境的制約があるのです。

3.2.　「ことばの選択」に関する概念的整理

　社会言語学において中心的な話題を「ことばの選択」という
テーマのもとに整理してみましょう。さきにみたように，社会言
語学は全体として，ことばの多様な形態に関心のある分野だと言
えますが，つぎの (i)–(iii) を主要な軸として，研究の話題や内
容を整理することができます。

　　(i)　「ことば」：ミクロな視点とマクロな視点
　　(ii)　考察の領域：個人，コミュニティ，国家レベル
　　(iii)　選択における意図性の有無

(i) においては，言語形式としてのことば（linguistic form）か，

個別言語ないし変種といったコードとしてのことば（language, variety）かというところの区別を，（ii）においてはその事象のある領域が個人，コミュニティ，国家のどのレベルに属するのかといった区別を，（iii）においては選択における意図性の有無に言及します。

(i)　ミクロな視点とマクロな視点

　「ことばの選択」はミクロには，ひとつの言語内の特定の言語形式におけるバリエーション，すなわち音韻面，形態面での変異があり，マクロには，言語選択すなわち記号の体系としてのコードの選択があります。たとえば，ある語をこう発音する人とああ発音する人がいるといったことは言語形式の選択に関する事柄です。一方で，言語の選択に関わるマクロな視点では，個人間でいつ誰が誰に何語で話しているのか，コミュニティレベルでみれば言語 A，言語 B，言語 C の使用領域（ドメイン）が話題になります。

(ii)　個人，コミュニティ，国家レベル

　たとえば，コードスイッチングは個人やグループといった，少人数の言語使用をみるのに対して，言語政策は国家に関わっています。音変異の研究であれば，場面による違いに着目するものは個人の言語使用をベースに考察することになり，社会的属性にもとづく集団（男女，年齢層，社会階級）と言語変異の相関をみる

のであれば，より大きなコミュニティが領域となります。ひとつの言語内の方言のような地域的バリエーションを扱うときには，そのようなコミュニティを複数考えていくことになります。ほかに，依頼表現の選択など，ポライトネスに関する研究においては，個人が考察の単位となりますが，言語と文化との関係において論じるということになれば当然のことながらコミュニティや国を単位とするような地域へと，考察の領域は広がります。

(iii)　選択における意図性の有無

　言語景観にあらわれるような言語の選択に比べて，言語政策の場合には策定者としての国や行政の影響を受けるという意味で，より選択における意図が働いているとみることができます。ミクロな観点からは，たとえば大事な手紙を書くような文脈で言葉を選んでいるときには，話し言葉においていちいち意識しなくとも目上の人には敬語を使っているような場合よりも，意図的であるといえそうです。多くの場合，音変異は話者が意図をもって操作しているというよりは環境適応の結果としてとらえられます。

図1：「ことばの選択」と社会言語学の話題

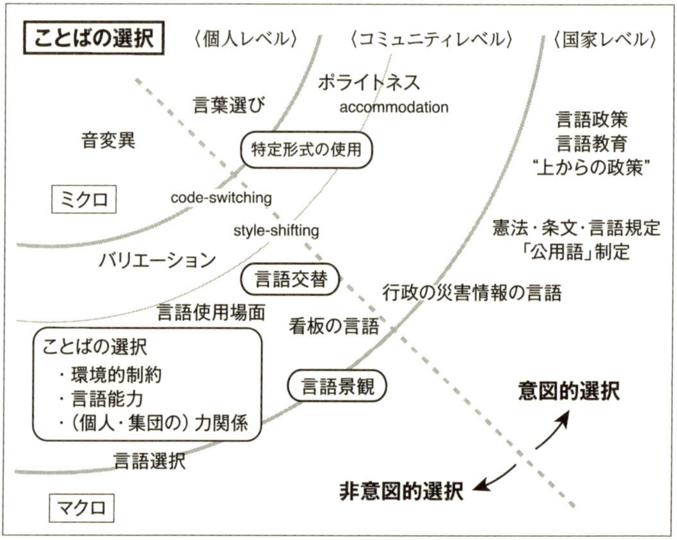

ことばの選択　　〈個人レベル〉　　〈コミュニティレベル〉　　〈国家レベル〉

言葉選び　　　ポライトネス
　　　　　　　accommodation

音変異　　　　特定形式の使用　　　　　　　　　　言語政策
　　　　　　　　　　　　　　　　　　　　　　　言語教育
　　　　　　　　　　　　　　　　　　　　　　　"上からの政策"

ミクロ　　code-switching

　　　　　　　　style-shifting　　　　　　　　　憲法・条文・言語規定
　　　　　　　　　　　　　　　　　　　　　　　「公用語」制定
バリエーション
　　　　　　　　言語交替
　　　　　　　　　　　　行政の災害情報の言語
言語使用場面
　　　　　　　　看板の言語
ことばの選択
・環境的制約
・言語能力　　　　言語景観　　　　　　　意図的選択
・（個人・集団の）力関係

　　　　　　　　　　　　　　　　　　　　非意図的選択
言語選択

マクロ

　社会言語学において中心的な，言語と言語使用における諸事象を以上の (i)–(iii) の3つの軸をもとにして整理したものが〈図1〉です。社会言語学は「ことばの選択」に関わって多岐な研究を提供していますが，ひとまずはこの (i)–(iii) の軸において諸トピックを位置づけることによって，また個別の研究を配置することによって，互いの連関を意識することができ，言語と社会との関係性を明らかにするという社会言語学のおおきなテーマに迫る素地になるように思います。

4.　アイルランドの事例にみる「ことばの選択」

　ことばの選択を具体的に考えるため，アイルランドから事例を
とりあげます。[1] アイルランドは土着のことばであるアイルラン
ド語から英語への言語交替を経験しました。言語接触および言語
交替のなかで形成されたアイルランド英語を話す，個人を中心と
した言語の営みから，アイルランド語をめぐるコミュニティの取
り組み，国の問題としての言語政策など，「ことばの選択」の諸
側面を見ることができます。

　言語の選択であれ，言語形式の選択であれ，話者がどのような
言語環境のもとにあるのかといったこと，あるいは言語をめぐる
意識についてどのような歴史認識がもとにあるのかといったこと
が「ことばの選択」の土壌を作ります（嶋田（2016））。本節にお
いては，土壌の部分にはほとんど触れることができませんが，マ
クロな選択として言語交替，ミクロな選択としてアイルランド英
語における言語形式の選択に関わる話者の主観的評価に焦点を
絞ってみていくことにしましょう。

---

　[1] アイルランドは「ことばの選択」に関してマクロにもミクロにも豊かな考
察の実例を与えているということはあるのですが，前セクションで概観しま
した，「ことばの選択」をめぐる社会言語学の中心的なトピックの具体例はほ
かのどのような地域でも，また私たちの日常生活においても，あまねくみら
れるものです。どのような環境のもとでそれぞれの概念であらわされる事象
がどのような実態において現れているか，その太い束が，社会言語学研究の
広い裾野を成しているようにみえます。

4.1.　マクロな「ことばの選択」：言語交替

　言語交替（language shift）とはコミュニティの言語が別の言語に替わる現象のことをいいます。言語交替は言語接触の帰結のひとつのかたちとしてとらえられ，それ自体はけっして珍しいものではないのですが，アイルランドの場合は国を単位として比較的最近起こったことが，他例と一線を画しています。国を単位として起こったということは，衰退した言語と国家や民族性との結びつきのために，のちのちさまざまな葛藤をうちに抱え込むということです。民族言語的同一性を保証するアイルランド語が日常のことばでなくなったことに，民族的アイデンティティを失ったと感じている人々が多くいます。

　アイルランド語から英語への言語交替は「ことばの選択」についてどのような考察をもたらすでしょうか。1.2節において述べたような，主体的な話者像を基にする社会言語的観点からみれば，今現在，日常のことばがアイルランド語ではなく英語になっているという事実をもって，英語を選択している状況にあると述べることができるかもしれません。とはいえ，言語がまさに替わってゆくときにそのただなかにある人たちの一人ひとりには，英語を「選択」しているという意識，ましてや「アイルランド語を捨てて英語を選んでいる」などという意識はなかったでしょう。言語交替を引き起こす社会経済的状況にあって，あるところで，日々の言語行動において，英語を取り入れるようになり，そのぶんアイルランド語を話す割合が減り，そのような個人の行為

や態度がコミュニティ単位で集積したときに，言語交替を起こす
状況に大きく近づいていたということが考えられます。

　ここでは歴史の詳細に触れることはしませんが，アイルランド
において，まずもってイングランドによる植民地支配がなけれ
ば，土地の言語が別の言語に取り替わってしまうことなどありま
せん。とくに 17 世紀クロムウェル時代のイングランド人の入植
と植民地支配はアイルランドにおける英語の広がりに重大な影響
を及ぼしました。英語はおおよそ，北から南へ，東から西へとし
だいに広がります。最初はイングランド人の支配者たちとのコ
ミュニケーションのために一部のアイルランド人が英語を用いて
いたにすぎませんが，しだいに，英語の習熟は人々の社会経済的
な自立を果たすために必要な手段になり，英語使用が普及しまし
た。そこに来て起こったのが 1940 年代後半のジャガイモ飢饉で
す。飢饉が起こったのは，アイルランド語を話す人々が多くいた
西部の地域です。アイルランド語を話す人口が激減し，言語交替
を決定づけました。学校での英語による授業の実施，アイルラン
ドからウェールズ，イングランドへの出稼ぎなども言語交替の加
速化を後押ししたと考えられます。

　アイルランド語から英語への言語交替がすすんだとき，実際の
コミュニティではどのようなことが起こっていたのでしょうか。
英語が浸透しつつあるコミュニティにおいて，あるところで母親
が子どもに自分の母語であるアイルランド語を引き継がなくな
り，その頃にはさらにコミュニティにおける英語使用も進んでい

て，次の世代にはなんらかの英語変種が母語としてうまれます。
言語交替は三世代で起こり，コミュニティ的な規模においても四
世代あれば完全に，新しい言語が常用語になると考えられます
（細川（1982）なども参照）。アイルランドというひとつの島，ア
イルランド共和国というひとつの国の全域で英語が優勢になるの
にはそれだけ時間がかかっているのですが，村や町といった地域
コミュニティを単位とすればおよそ 100 年，3 世代でコミュニ
ティの主要言語が替わるということが起こるのです。

　ではそもそも，なぜ母親が子どもに自分の母語を引き継がなく
なるのでしょうか。本章執筆者は現在ゲールタハト（アイルラン
ド語使用地域）にてリアルタイムで言語交替がすすんでいるコ
ミュニティを訪ねていますが，周囲が英語になっていくなかで，
そして自分もそれで用が済ませるとなったときに，土着のことば
で話し続けるのは容易なことではありません。現在はアイルラン
ド政府の政策，「保護」を前面にうちだしての支援があることな
ど，また状況は違っているのですが，100 年前のアイルランドに
おいて急速に英語が浸透したところには，子どもには直接の経済
力と社会的優位性につながる新たな言語を獲得させたいという母
親の心理が強く働いたと考えられます。

　言語交替は，言語コミュニティをとりまく外的な環境の変化に
よって，新たに言語が入り，その時代を生きる人々の受容を経て
加速度的に浸透がすすんだ結果としてとらえられます。言語交替
という現実を理解するためには，人々がどこかで，積極的である

か否かにかかわらず，あるいは意識的であるか無意識的であるか
にかかわらず，ささいな行動という形で「言語交替」に少しずつ
力を貸したのかもしれないという考えをもっておくことは重要で
す。もし，母親が自分の母親がしたようにアイルランド語で子ど
もを育てることをしていたら，言語交替は起こらなかったかもし
れません。でもそれができないほどのおおきな力が働いていたと
考えることもできるでしょう。諸々の要因，条件がどのように重
なって，人々がどのような態度をもつようになったのか，そこの
ところの理解をすすめていく必要があります。

4.2.　ミクロな「ことばの選択」：言語形式の使用をめぐる話者意識

　つぎに，言語形式の選択について考えてみましょう。選択は完
全に評価と一致するわけではないにしても評価に基づいて行われ
ます（クルマス（2013: 11））。話者の評価すなわち主観的判断は，
現実の言語使用とは区別された言語意識を問います。評価判断を
行うところには，なんらかの言語意識がある場合にそれが言語形
式の判断としてあらわれるという前提があり，[2] 評価判断は話者

---

[2] 言語意識とは，社会言語学一般に「ことばのイメージ」すなわち「われわ
れがあることばから受ける印象，あるいはそのことばについて思い描く性質や
特徴などのこと」（真田（編）（2006: 163））ですが，ここでいう言語意識（socio-
linguistic awareness）にはすこし補足が必要かもしれません。言語意識は，
変種ないし言語形式に対する（4.3 節でみるようにマクロとミクロは同じ評価
づけが関わっています）言語外要素との結びつきの想起に言及しています。

の意識にアクセスする有効な手段になります。

　話者の言語意識は具体的にどのように表れるのでしょうか。ここでは，アイルランド英語に特徴的な文法形式や語彙項目を含む文例に対する評価の相違を通して言語形式に対する話者の意識を見てみましょう。この調査はそもそも，筆者が文法知識を引き出すセッションのなかで，アイルランド英語の話者には「アイルランドらしさ意識」と「正しさ意識」とよべるような〈社会 – 言語〉に関する意識（sociolinguistic awareness）があるのではないかという仮説をもつようになったのがきっかけです。その仮説を検証するために，数名のインフォーマントのみによらず，コミュニティの60人余りの話者の協力を得ることにし，26文例，11文法項目に関してアンケートおよびインタビューに答える形で評価判断を行ってもらいました。その一部の4つの文例をここで見てみましょう。(1) から (3) はアイルランド英語に特徴的な時を表す文法形式を含み，(4) はアイルランド英語に特有の語を含んでいます。

───────────────

詳細の議論はここに書き切れないのですが（萌芽的な考察は Shimada (2016)），本章執筆者は，コミュニティの話者が共通にもつ言語知識は多層的で，その知識には「〈社会と言語〉に関する層」も含まれていると考え，言語形式の言語外的意味が話者の共通の言語知識として定着するところに sociolinguistic awareness が関与していると考えます。Sociolinguistic awareness はそのコミュニティにおいて重要である要素（アイルランド英語であれば「アイルランドらしさ」と「正しさ」）のメタ言語的な交換を可能にしているのです。

(1)　I *do be taking* three plates from the cupboard.

[*do be* 習慣]

(2)　I *am after taking* three plates from the cupboard.

[*be after* 完了]

(3)　They *are visiting* here many years.

[*be* V-*ing*（＋時を表す副詞句）]

(4)　How's the *craic*?　[語彙項目]

　(1) は習慣を表す *do be* 形式を含み，「いつも食器棚から三枚の皿をとるようにしている」の意味を表します。(2) はアイルランド英語に特有の *be after* 完了の文例で「食器棚からお皿を三枚取り出したところだ」の意味です。(3) も特徴的だとされる型で，意味は「長年ここを訪れている」の意味です。*be* ＋ V-*ing* は動詞 V があらわす動作や行為，出来事が続いている状態を表し，(3) の例では，そこに期間を表す副詞句が付加されて一定の時間の区切りが与えられ，それまでの動作の継続を表します。(4) は友人などに会ったときの挨拶表現で，「調子はどう？」といった意味になります。[3]

---

　[3] この挨拶表現の *craic* [kræk] はアイルランド語綴りで表されるのがふつうで，アイルランドの多くの人々はこの語がアイルランド語からきていると認識しています。アイルランド語の *craic* はそもそも近代英語の時代に英語から借用されたものであり，「大声での会話」を意味する中期英語の *crak* に由来しますが (Dolan (1999))，じっさいの語源がどうであるかにかかわらず，アイルランド語を自分たちの英語に取り入れているという意識が話者にあり

　これらの文法形式と語彙は話者にどのように認識されているの
でしょうか。調査協力者 64 名は 26 の文例リストから,「自分が
使うと思う文はどれか」「自分が使わないと思う文はどれか」,
「意味のわからない文はどれか」,「「悪い文法」だと思うものはど
れか」「「アイルランドらしさ」があると思うものはどれか」とい
う 5 つの質問に答えました。「使用」「不使用」「アイルランドら
しさ」「悪い文法」の質問項目にインデックスを付して見てみる
と, 話者の意識の傾向は〈図 2〉のように表されます。

　アイルランド英語話者が挨拶で好んで用いる, *craic* を含む
(4) は「使用」と「アイルランドらしさ」の項目において際立っ
ています。文法形式に関して, *do be V-ing* は「不使用」と「悪
い文法」において際立った傾向を示します。*be after V-ing* は「ア
イルランドらしさ」において *do be V-ing* と同等に比較的高い傾
向を示しますが, *do be V-ing* は「不使用」評価が極めて高いの
に対して, *be after V-ing* は「使用」評価が高いという結果にな
りました。*be V-ing*（＋期間を表す副詞句）の文例では, 全体的
に小さくとどまっていて, 話者の意識にのぼりにくい文法形式で
あることがわかります。

ます。アイルランド英語において *craic* は「楽しい気晴らし, 元気になる楽し
み」の意味で用いられます。

図 2：アイルランド英語の言語形式に対する話者の評価

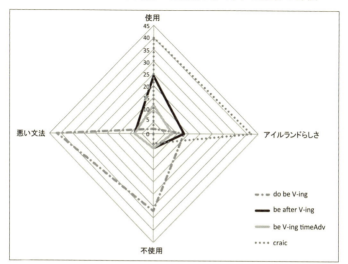

4.3.　「ことば」の価値評価

　言語形式に対する話者の評価は〈図 2〉のようにあらわれます
が，なかでも *do be* 形式に対するネガティブな評価は際立って
いています。[4] *do be* の機能と文法的属性を調べる際に得られた

---

　[4] たとえば，調査した 26 文例のひとつ，一般動詞の現在形に三人称単数の
-s がない文は標準英語に照らせば「間違い」であり，話者にも「悪い文法」で
あると判断されますが，*do be* 形式のようには話者の拒否感を招きません。
話者によって「悪い文法である」と指摘された例のなかでとくに *do be* 形式
には「教養の低い」とか「貧困層の」といったマイナスの社会的含意が伴うこ
とは興味深いことです。*do be* 形式は「アイルランドらしい」と認識されるこ
とで，話者にとって，色のついた形式となっていると考えられます。色のつ

つぎのようなコメントからも，それが「誤った」ものであり，「正しくない」という話者の評価が確認できます。

〈アイルランド英語 *do be* 形式への価値評価〉

- 「駄目，駄目。悪い文法ですよ。そのように言ってはいけません。」（50 歳代，女性，リストール）

- 「年齢が重要だな。年配の人が *do be* を言えば，こちらは微笑んで，そうちょっと下に見るような笑みで，こちらが優位に立ったように感じるだろうね。でも学校でわたしの生徒がわたしに向かって言ってきたら，訂正すると思うよ，そうだね，「違うよ，それは正しくない」って言うだろうね。」（50 歳代，男性，コーク）

- 「*do be* なんて言う人は，その昔の貧しい時代にほとんど学校に通えなかったのよ。いま 2004 年ともなれば，アイルランドは豊かな国で，そんなものまったく耳にしないでしょ。」（70 歳代女性，リストール）

　アイルランド英語において体系づけられた文法的な言語形式が，話者の意識においては「間違った文法」としてとらえられ，さらに，「正しくない」という評価は，ときとして「貧しい人の」，

いた形式は話者の意識にのぼり，話者の「正しさへの意識」に照らして，それが「英語」において容認可能な形か否かによって，好ましい特徴か好ましくない特徴であるか評価づけられると考えられます（詳しい議論は Shimada (2016)）。

「教養のない」といった特定の社会的属性との結びつきを想起させています。注目したいのは，アイルランド英語の *do be* 形式が習慣を表すという言語的意味のほかに，「貧しい人の」，「教養のない」という社会的含意をふくめた言語外意味をもっているということです。言語話者は言語体系内部の形式と意味の連関に加え，社会的差異に裏づけられた意味に関しても知識をもっているのです。

　do be 形式の話は一言語変種の特定の文法形式への評価に関するものですが，正しさへの意識が言語変種そのものに向けられれば，それは方言と標準語の問題になります。つぎのものは，アイルランド語についてアンケートに書かれたコメントですが，言語交替について意見を聞く質問に対して寄せられたなかに言語のイメージが語られます。

〈アイルランド語への価値評価〉
- 自分たちの土地の言語であるアイルランド語が貧しい人の言語だとみなされていることは残念だ（30 歳以下，男性，大学生，2015 年）
- アイルランド語はすばらしい。だがそれは死にゆく言語で，経済的な利益がない。だからアイルランド語には注意が払われなくなるだろう。（30 歳以下，男性，大学生，2015 年）

ここには言語の価値評価の現実が垣間見えるようです。コミュニ

ティにおいて言語の共存が難しくなるときには，一つの言語の力
が他を圧倒しているという状況がありますが，言語交替が起こる
ところには，この回答にみるような〈貧しい人の言語 vs. 富んだ
人の言語〉といった言語に対する評価が前提にあります。つぎの
ものは学生のレポートからの引用です。ここにみえる方言へのネ
ガティブな評価には，いま見たアイルランド語への評価に重なる
部分があります。

〈「方言」への価値評価〉

- 母が標準語を話すように育てたかったので，私が山形の
  ズーズー弁を使うと叱られました。（大学生，山形大学
  2010 年）
- 関東にきて，恥ずかしいという理由から自分の方言をなる
  べく出さないように心がけていました。なぜなら，友人に
  「何て言ったの？」とよく聞かれるので面倒くさいという
  のと恥ずかしい気持ちになるのが嫌だったからです。（大
  学生，明海大学 2015 年）

　言語の構造という点からみれば，方言が標準語に劣ることもな
ければ，アイルランド語が英語に劣ることもありません。個別言
語のそれぞれに優劣などもちろんないのですが，現実として話者
に優劣のような意識が生まれるところには，言語の社会性が関係
しています。
　言語形式に対しても，言語や方言などの変種といった，記号の

体系としてのコードに対しても，評価づけが関わっています。言語形式や言語そのものには本来，威信や烙印はないのですが，ある形式が他形式との差異によって話者の意識において位置づけられ，そこに当該言語コミュニティの価値意識が反映されて「プラス／マイナス」の評価が与えられます。たとえば，ある言語形式や言語変種が「貧困」「低教養」とみなされ，その形式が意識的に回避されるとき，その形式や言語にはマイナスの社会的価値が付与されているのです。

　言語交替というマクロな言語選択においても，言語形式の選択というミクロな言葉の選択においても，このような評価づけが起こるのですが，主観的な価値評価の対象になるのは言語に限ったことではありません。「カゴから出ているのがフランスパンだとかっこいいのに長ネギだとそうじゃないのは，どうしてでしょうか。」（『谷川俊太郎　質問箱』ほぼ日ブックス 2007 年 148 頁）という，日常のふとしたひとこまをとらえた問いにも，そのことはうかがえます。「かっこいい／かっこよくない」というのは主観的な評価の問題で，言語もまたその対象から免れることはありません。言語はその社会的関与性のために価値において順位づけされてしまうのです。

5. 「〈社会言語学〉将来への課題」を視野に

　以上の「ことばの選択」の検討から，いくつかの課題がうかび

あがります。ひとつには，言語形式に関するバリエーションにしても，複数言語の使用に関しても，「選択」の諸々の条件を明らかにしていくということがあるでしょうか。このことは個別の事象について行うのもたやすいことではないのですが，たとえ個別の事例についてある程度のことが明らかになったとしても，高度に「一般化」させていくのは容易ではありません。たとえば，アイルランドの言語交替の事例の詳細の研究から言語交替が起こるときの条件についてわかることがあったというときに，それが別の環境においてそのまま適用できないという事情です。つねに，どのような環境のもとにそれが起こったのか，個別の環境についても多面的な記述を行い，個々の事象の積み重ねによって精緻化をはかる必要があります。

　このような一般化，抽象化の難点は，社会言語学の理論的課題と並行的です。よく言われるように，社会言語学は理論が育ちにくいということがあります（Coupland（2016））。言語使用に見ることばの現実は個別の背景によるところがおおきく，それぞれの研究から導き出された，いわばたくさんの「小理論」があってもなかなか「中理論」「大理論」になっていかない，あるいは社会言語学がひとつの学問領域としてもつ道具だてや作法のようなものがあまり育っていない状況にあります。[5] ナイーブな発想で

---

[5] Coupland（2016），Hudson（1996），Wardhaugh（2010）などを参照。社会言語学分野において，変異理論，アコモデーション理論，ポライトネス理

すが，個別の研究によって得た小理論を束にして中理論をつく
り，さらに事例を重ねて検討することで，現実における多様性を
含みもつ事実に対してよりつよい説明をなし得るための理論の構
築とそれとあわせての方法論的整備を行うということが今後の課
題としてあるのかもしれません。

　「ことばの選択」に関する考察の過程でつきあたったのは，「選
ぶ主体」「選択する話者」という，社会言語学の理論的前提です。
同様に，あたりまえのようにして使っている，「選択」「話者」
「言語知識」「言語意識」などといった言葉や概念も，とくにそれ
が一般的な語にも共通してあるときには，意味をその学問領域や

論などは，それぞれの対象となりうる事象にたいして，一定の理解を与えて
いることはいうまでもありません。アコモデーション理論とポライトネス理
論が「合理的選択」理論のうちに収まり得ること，ラボフの変異理論が依って
いる社会観の現代における見直しなど，各理論が寄って立つ概念の明示化と
それに基づく社会言語学ディシプリンとしての基盤づくりが今後の課題であ
るのかもしれません。このようなおおがかりな理論の問い直しでなくとも，
たとえば「威信」「社会ネットワーク」など，社会学など言語学以外の学問領
域から概念や手法を借りてくる「おいしいとこどり」に頼っていては限界があ
ります。ある言語現象を説明しようというときに，援用したくなる概念や方
法があるということは（あるいはそれを用いることによって説明ができると
いうところの思想や概念，方法論があるのならば），そこにはより大きな基盤
のもとに言語の性質を抽出できるなにかがあるのかもしれません。「あるひと
つの統合された社会言語学理論」をあきらめるということも方向としてある
のかもしれませんが，諸概念や研究方法を根本から整備していくことで，社
会言語学が言語使用の現実の忠実な記述の集合体以上の，言語学の他分野に
も見えやすい（それゆえ互いにコミットしやすい）一領域になるのではないだ
ろうかという期待があります。

理論において定義していく必要があります。[6] ただし，その定義はおおくのところ，どのような理論的前提のもとに言語をみているかに依存します。言語学がどのようなものであり（たとえばどのような科学なのか，あるいは科学というところに収まりきらないものなのか），言語学の各論が言語のなにを明らかにすることに貢献しているのかというところとも重ねて，言語学としての社会言語学をいまいちど捉え直すことによって拓かれる地平があると考えられます。[7]

　社会言語学は現実の言語および言語使用に誠実に寄り添っているところに，その特徴と魅力があります。社会言語学の考察で得られた知見は言語をめぐる現実的問題の解決にどのように役に立つでしょうか。たとえば「ことばの選択」のおおもとには評価づけという社会的行為が関わっているということがわかったときに，さらにたとえば未来に言語交替が起こる可能性があるというときに，なんらかの方向性を示すことが可能でしょうか。いつも正しい意思のもとに学問的知見の利用が可能でしょうか。「応用社会言語学」といった言葉にみるように，社会言語学は，たとえ

---

[6] Chomsky (1988) などを参照。
[7] Labov (1972) の「私は長年 sociolinguistics という用語に抵抗してきた。社会が関係しないで成功している言語理論や実践があるということを暗に意味しているから」に代表されるように，言語学は社会言語学だという考えのもとに行う言語学があるというときに，その「社会」は言語理論にどのように組み込むことが可能でしょうか。言語にたいする他のアプローチの参照（と切磋琢磨？）によって得られることがあるのかもしれません。

ば言語政策や言語に関するさまざまな問題，言語教育などを考えるときに，なんらかの解決や指針を提供できる可能性を秘めています。ただ，そのような期待に耐えうるほどのものになるには課題が多いのかもしれませんし，あるいは現実の諸問題を前にした実践によって社会言語学は学問領域としての成熟をみせるのかもしれません。社会言語学は「社会」を含みもつだけに，現実に近くおもしろく，それだけに理論的な課題があり，つまるところ可能性がひらけています。

参考文献

Chomsky, Noam (1988) *Language and Problems of Knowledge: The Managua Lectures*, MIT Press, Cambridge, MA.

Coulmas, Florian (2013) *Sociolinguistics: The Study of Speakers' Choices*, 2nd ed., Cambridge University Press, Cambridge.

Coupland, Nikolas (2016) *Sociolinguistics: Theoretical Debates*, Cambridge University Press, Cambridge.

Denison, Norman (1977) "Language Death or Language Suicide?" *Linguistics* 191, 13-22.

Dolan, Terence Patrick (1999) *A Dictionary of Hiberno-English: The Irish Use of English*, Gill and Macmillan, Dublin.

Dorian, Nancy (1994) "Comment: Choices and Values in Language Shift and its Study," *International Journal of the Sociology of Language* 110, 113-124.

Fischer, John L. (1958) "Social Influences on the Choice of a Linguistic Variant," *Word* 14, 47-56.

Forsman, Ludvig (2016) Language Shift from a Nonspeaker Perspective: Themes in the Accounts of Linguistic Practices of First-Generation Non-Swedish Speakers in Gammalsvenskby, Ukraine," *Language in Society* 45, 375-396.

細川弘明 (1982)「言語交替の過程——中央アンデスの事例から——」『季刊人類学』第 13 巻第 1 号，3-56.

Hudson, Richard A. (1996) *Sociolinguistics*, 2nd ed., Cambridge University Press, Cambridge.

Labov, William (1972) *Sociolinguistic Patterns*, University of Pennsylvania Press, Philadelphia.

Milroy, Lesley and Matthew Gordon (2003) *Sociolinguistics: Method and Interpretation*, Blackwell Publishing, Oxford.

Myers-Scotton, Carol (1993) *Contact Linguistics: Bilingual Encounters and Grammatical Outcomes*, Oxford University Press, Oxford.

真田信治（編）(2006)『社会言語学の展望』くろしお出版，東京.

Shimada, Tamami (2016) "Speakers' Awareness and the Use of *do be* vs. *be after* in Hiberno-English," *World Englishes* 32, 310-323.

嶋田珠巳 (2016)『英語という選択——アイルランドの今』岩波書店，東京.

Wardhaugh, Ronald. (2010) *An Introduction to Sociolinguistics*, 6th ed., Blackwell Publishing, Oxford.

第 6 章

生成文法の課題
—人間の言語機能の解明に向けて—[*]

髙橋　将一

青山学院大学

1.　はじめに

　生成文法研究では，言語で観察される現象をもとに言語の特徴を導き出し，その特徴を捉えることのできる理論を構築していきます。これにより，言語を話すことを可能にさせている私たちの能力を解明していきます。このような営みが現在まで一貫して行

[*] 本章は，東京言語研究所開設 50 周年記念セミナーにおいて，2016 年 9 月 4 日に行われた「リレー講義　ことばの科学—将来への課題：生成文法の課題」で発表した内容をもとにまとめたものです。講義に参加なされた方々，講義のコメンテーターである上野善道氏，大津由紀雄氏に感謝いたします。本章の 3.3 節の内容は，三宅知宏氏からの「併合に対する制約における位相（phase）の役割」に関する質問に触発されたものであり，三宅氏に感謝いたします。また，本章の執筆に際し，池内正幸氏，木口寛久氏，外池滋生氏，中澤和夫氏，野村忠央氏，また，編者である杉岡洋子氏，西山佑司氏より有益なコメントをいただきました。ここに謝意を示します。

われていますが，生成文法誕生から 60 年に及ぶ研究成果の蓄積
と節減的（parsimonious）理論，もしくはミニマリスト・極小
（minimalist）理論の追求の狭間で，研究における道のりはます
ます険しくなっています。本章では，このような状況の中であっ
ても，研究を着実に継続していくことが生成文法の課題であると
考えます。

　しかし，そもそもなぜ生成文法では，節減的な理論が求められ
るのでしょうか。それは，科学一般に課せられる理論の簡素化へ
の要請に従うためであるとともに，生成文法が「言語機能が私た
ちの有している様々な器官の 1 つである」という立場をとるため
であります（Berwick and Chomsky（2016: 56）等を参照）。こ
のような想定のもとでは，最終的には言語機能の起源と進化の解
明が望まれます。言語機能が進化の尺度から考えると非常に短い
期間で発現したと想定した場合，言語機能はシンプルなシステム
であることが求められます（Chomsky（2013: 37）等を参照）。

　このような言語の起源に関する問題に近年注目が集まる中，さ
らなる節減的理論の探求が続けられていますが，多様な言語現象
の中には，既存の理論では説明することが難しいものも存在しま
す。しかし，そのような状況は決して悲観すべきものではなく，
Chomsky（2013: 35）でも述べられているように，科学一般に，
そして生成文法研究の中でも，そのような例外的な現象を研究す
ることで新しい事実の発見や理論の発展に繋がってきた歴史があ
り，データの考察と理論の精緻化を今後も両輪で進めていくこと

が，言語機能の解明につながっていきます。

　ここでは，人間言語の中核的な能力と考えられている併合 (Merge) に対する制約を事例として取り上げ，データの考察と理論構築の相互作用の重要性を考えます。併合に対する制約は，以下で取り上げる再構築 (reconstruction) 効果と付加部 (adjunct) の名詞句からの外置 (extraposition) のデータを捉えるだけでも，複数回改訂しなければなりません。これは，私たちの将来への課題がますます困難なものになっていることの一端を表しているとも考えられますが，正しい方向に進んでいるのであれば，私たちの言語機能の解明に近づいていることにもなります。私たちの立ち向かう課題がどんなに困難であっても，このような期待を持ちながら進んでいくことが，言語機能の解明には不可欠であると考えます。

2.　併合とその制約

　前節で私たちの言語機能に対して最も節減的な理論の構築が求められていることを述べましたが，そもそも私たちの言語機能とは，どのようなものなのでしょうか。現在，その本質的な特徴は，「階層化させた構造を回帰的に無限に生み出せる能力」であると考えられています (Chomsky (2013: 35) 等を参照)。これを可能にする構造構築の中核的操作として，(1) の併合が仮定されています (Chomsky (2004: 110) 等を参照)。本節では，併合

とその適用方法に対する 1 つの制約を想定するシステムが言語
の特徴をどのように捉えるのかを議論し，次節でのさらなる検討
への土台とします。

(1)　併合：Merge(X, Y) = {X, Y}

　併合は，2 つの任意の語や句に適用され，その 2 つの要素から
なる集合を産出します。例えば，(2a) の文を派生するには，(2b)
にあるように，まず like と apples に併合を適用し，これら 2 つ
からなる集合を作ります。また，(2c) でのように，併合は派生
の前段階で構成された集合に対しても適用することができると想
定されています。

(2)　a.　We like apples.

　　　b.　Merge(like, apples) = {like, apples}

　　　c.　Merge(we, {like, apples}) = {we, {like, apples}}

このため，派生が進むにつれ構造は漸進的に内方に埋め込まれて
いくことになります。これにより，構造の階層性を捉えることが
できます。また，併合の適用回数に上限があるわけではないた
め，構造構築の無限性を説明することもできます。

　併合は，すでに構築された構造の一部をその入力とすることが
できるとも考えられています (Chomsky (2004: 110) 等を参照)。
これにより，(3a) の wh 疑問文で見られるような移動現象を捉
えることができます。(3b) にあるように，派生の初期の段階で

bought と併合した what が，後の段階で what 自体を含む構造と併合することにより，what が節の先頭に現れながらも bought の目的語として解釈されることを可能にしています。[1]

(3) a. John wonders what we bought.

b. Merge(what, {we, {bought, what}}) = {what, {we, {bought, what}}}

このように，併合を仮定するだけで言語の本質的な特徴を説明することができますが，併合の適用方法を制限する (4) の制約により，移動で観察される性質を捉えることもできます。

(4) The No Tampering Condition (NTC)

Neither X nor Y is modified by Merge.

(Chomsky (2013: 40))

NTC は効率性の追求という自然法則の発現であり，システムにおける計算の効率性の要請であると考えられています (Chomsky (2013: 40) 等を参照)。NTC は，併合の適用を受ける2つの要素に変更を加えることを禁止しています。よって，(3b) において，what と what を含む構造を併合する際，両要素とも変更を加えることができないため，what は2つの構造的位置で解釈さ

---

[1] (3b) において，構造上より深く埋め込まれている what は，構造を実際に発音する際には音韻的に削除されると考えます。

れることが予想されます。そして，実際に，移動した要素は移動
前の位置でも解釈され，これを「再構築効果」と呼びます（Ber-
wick and Chomsky（2016: 99-100）等を参照）。例えば，（5a）
の文では，主語の代名詞が John を指すという解釈は不可能です。
NTC に従ってこの文に対して（5b）の構造を仮定すれば，he が
移動前の位置にある wh 句の中の John を c 統御（c-command）
するので，代名詞がそれと同一の指標を持つ名前を表す名詞句を
c 統御することを禁止する束縛条件 C（Binding Condition C）
により，この解釈を排除することができます。

(5)　a. ??/*[Which argument that John$_i$ is a genius] did he$_i$
　　　　believe?　　　　　　　　　　　　　（Fox（1999: 164））

　　　b.　*[[which argument that John$_i$ is a genius] did [he$_i$
　　　　believe [which argument that John$_i$ is a genius]]]

　NTC は，構造保持の要請により，再構築効果を生み出すだけ
でなく，併合によって構成される構造のタイプを限定する効果も
あります。つまり，（6a）で示されているように，構築された構
造の一番高い位置に，併合前には存在しなかった節点 Z ができ
るように併合を行わなければなりません。（6b）のように，併合
の適用を受ける一方の要素の中にもう一方の要素を入れ込むよう
な併合の仕方は，もともと存在した X という構造に変更を加え
ることになるため認可されません。

(6) a.

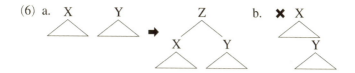

　NTC は，移動を伴う構造では再構築効果が必ず観察されることを予測します。しかし，次節では，この予想に反する事例を取り上げます。そのようなデータは，(6b) と見なせる併合をある特定の形式で行えることを示しており，NTC に対して限定的な改訂を行うことが必要となります。

3.　節減的理論への経験的挑戦

3.1.　NTC からの限定的な逸脱

　移動は，その性質の違いからいくつかの種類に分類することができます。Ā 移動に分類される wh 移動は，(5a) でのように再構築効果に関して NTC の予想通りの振る舞いを見せますが，A 移動である繰り上げ移動は，それとは異なった特徴を示すことが知られています (Chomsky (1993) 等を参照)。[2] (7) では，(5a)

---

　[2] 名詞句の移動において，Ā 移動は，移動する名詞句に格が付与される位置から名詞句の格付与には参与しない位置への移動と定義することができます。また，A 移動は，移動する名詞句に格が付与されない位置から名詞句に格が付与される位置への移動と考えることができます。Ā 移動と A 移動は，再構築効果以外にも様々な点で対照的な振る舞いを見せます。Ā 移動と A 移動の特徴に関する包括的な議論については，Safir (2015) 等を参照。

と違って，him は John を指す代名詞として解釈することが可能
です。

(7) a. [The claim that John$_i$ was asleep] seems to him$_i$ to
        be correct.　　　　　　　　(Chomsky (1993: 37))

    b. [Every argument that John$_i$ is a genius] seems to
        him$_i$ to be flawless.　　　　　(Fox (1999: 192))

しかし，(8) で示されているように，(7) に対して (5b) の時と
同様の構造を想定すると，代名詞が John を c 統御してしまい，
事実に反する結果となります。[3]

(8) *[[the claim that John$_i$ was asleep]$_1$ seems to him$_i$ to be
    [[the claim that John$_i$ was asleep]$_1$ correct]]

　移動を伴う環境で再構築効果が観察されない場合，NTC が認
可しない非循環的併合 (counter-cyclic merger または，late
merger) が関わっているという提案があります (Lebeaux (1988)
等を参照)。つまり，移動した位置にある要素の一部分を，移動
が生じた後に併合することにより，移動元にある要素が移動先に
ある要素と異なった構造を作り出すことができます。Takahashi

---

[3] (5a) と違って，(7) の文では，代名詞は前置詞句の中に埋め込まれてい
ます。しかし，この前置詞句は，代名詞が従属節を c 統御することを阻害し
ないものと考えられています (Takahashi and Hulsey (2009: 脚注4) 等を参
照)。

and Hulsey (2009) では，この考えに基づき，(7a) に対して (9) の構造を提案しています。(9) では，決定詞である the のみが従属節に導入され，その the が代名詞より高い位置に移動した後に，John を含む名詞句が the と併合しています。これにより，代名詞が c 統御する領域内には John は存在せず，(7) で束縛条件 C の違反がないことが正しく捉えられます。[4]

(9)

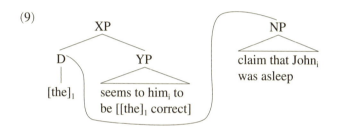

再構築効果の欠如に対する非循環的併合を用いたこのような分析は，併合の対象である一方の要素の内部にもう一方の要素を入れ込まなければならないため，NTC では認可されないことになります。つまり，(9) の併合は，(6b) に相当します。

Safir (2015) では，(9) を含む NTC とは両立しないいくつかの分析事例をもとに，NTC に対して限定的な緩和を加えた (10) の制約を提案しています。

---

[4] (5a) における束縛条件 C の違反を捉えるためには，(9) で示されている派生は (5a) では不可能でなければなりません。その点に関しては，Safir (2015) 及び，Takahashi and Hulsey (2009) を参照。

(10)　Peak Novelty Condition（PNC）

After every instance of Merge, M_i, the undominated node U of the resulting structure immediately dominates a node that U did not immediately dominate before M_i.

(Safir (2015: 6))

PNC は，(6a) でのように，2つの要素が併合し，構造上一番高い位置に併合前には存在しなかった節点を作ることを許可します。この点に関しては，NTC と同じです。しかし，これに加えて，PNC は，併合前の一方の要素の一番上の節点が直接支配 (immediate dominance) する節点（つまり，(11a) における X と Y）ともう一方の要素の併合を許可します。(11) に図示されているこの新しい併合の可能性は，NTC では許されませんが，まさに (9) で必要とされている形式の併合となります。

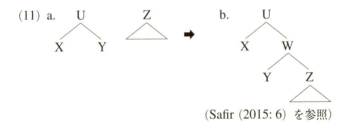

(11) a.   U   Z   ➡   b.   U

(Safir (2015: 6) を参照)

人間言語における構造構築過程では，計算の効率性の観点から，非常に限られた領域しか計算の対象になれないと想定されています。構造構築において中心的な役割を果たす「位相 (phase)」

と呼ばれる領域が仮定されており（Chomsky（2000）等を参照），位相における構造構築が終了すると，その位相の主要部（head）の補部（complement）（（12）で XP を位相とした場合の ZP）は，計算の効率性のため，以降の計算に参与することができなくなると考えられています（Chomsky（2000）等を参照）。[5] しかし，主要部間の選択関係や移動現象を説明するために，位相の主要部自体とその指定部（specifier）（つまり，（12）の X と YP）や指定部より上に付加した要素は，以降の計算の対象であり続けることができると考えられています（Chomsky（2000）等を参照）。

(12)

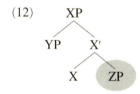

つまり，言語の計算は，全体的には計算の効率性の要請を受けつつも，ある限定的な領域に関しては，例外的な余地を残して設計されているのかもしれません。もしそうであるとすると，併合に関しても，PNC が認可する形式までは効率性の要請の中で許可されている範囲のものなのかもしれません。

---

[5] 補部とは，主要部が必ず必要とする要素を指します。例えば，他動詞が主要部の場合，目的語の名詞句が補部にあたります。また，主要部の必須要素でないものを付加部と言います。副詞や関係代名詞節といった修飾要素は，付加部となります。

　次節では，再構築効果のデータをさらに検討し，PNC が許可
する以外の併合の必要性を見るとともに，併合が計算の効率性の
1 つの帰結である局所性の制約を受ける可能性を付加部の名詞句
からの外置のデータをもとに考えます。

3.2.　併合における局所性の効果

　wh 移動は束縛条件 C に関する再構築効果を示し，これは
NTC に制約を受ける併合の帰結と考えることができることを 2
節で見ました。しかし，wh 移動でこのような再構築効果が観察
されるのは，(13a) でのように，名前を表す名詞句が wh 句の補
部（つまり，that John is a genius）の中にある時のみです。も
し，名前を表す名詞句が wh 句を修飾する付加部（つまり，that
John made）の中にあった場合は，(13b) でのように，再構築効
果は現れません（Freidin (1986) 及び，Lebeaux (1988) 等を参
照）。

(13)　a. ??/*[Which argument [that John$_i$ is a genius]] did he$_i$
　　　　　　believe?

　　　b.　　[Which argument [that John$_i$ made]] did he$_i$ be-
　　　　　　lieve?　　　　　　　　　　　　　　　(Fox (1999: 164))

3.1 節で述べたように，移動した要素が再構築効果を示さない場
合は，移動した要素の一部は，非循環的併合により移動が生じた
後に付け加えられているという分析があります。それでは，

(13b) では，どのような非循環的併合が行われているのでしょう
か。Lebeaux (1988) 等では，関係代名詞節は，wh 句が移動し
た後に併合することができると提案されています。関係代名詞節
は，名詞である argument を修飾しているため，(13b) では，
(14) に記されているような併合が行われていると考えられます。
結果として，John は he が c 統御する構造の中には存在せず，
束縛条件 C の違反がないことを正しく捉えることができます。[6]

(14)

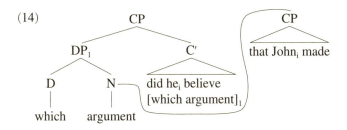

しかし，(14) で行われている併合は，NTC が禁止しているも
のであるだけでなく，PNC であっても認可されないように思わ
れます。[7] つまり，(14) において，N と CP が併合してできた節
点 NP は，構造上最も高い位置にある節点 CP が直接支配する
節点ではありません。

このように，(13b) での再構築効果の欠如を説明するために

---

[6] (13a) において，John を含む名詞の補部には，非循環的併合は適用でき
ないとされています (Fox (1999) 及び，Lebeaux (1988) 等を参照)。

[7] Safir (2015) では，(13b) の文の派生において，PNC で許可される非循
環的併合の分析を想定しています。

は，今までの制約が認可しない併合を想定しなければなりません。このことから，併合は一見自由に適用することができるように見えますが，何の制限も受けないというわけではないと考えられます。併合は，計算の効率性の 1 つの具現化である局所性の制約に従うと考えることができます。局所性の制約は，何らかの操作を適用したり，要素間の関係性を構築したりする場合，最短，つまり最も経済性が高い方法で行うことを求める制約です。また，その効果は，言語の様々な現象で観察でき，人間の言語システムの非常に一般的な制約であると想定できます。例えば，(15) にあるように，wh 句が 2 つ存在する場合，構造上最も高い wh 句が移動しなければならなく，この現象は「優位性 (Superiority) 効果」と呼ばれ，局所性の制約の表れと分析されています。

(15) a.   John knows who saw what.

    b. *John knows what who saw.

(Chomsky (1973: 245))

併合も同種の優位性効果を示し，これは，(16) の局所性の制約に従うためであると考えられます。

(16) The A-over-A Principle (AOAP) ［上位範疇優先の原理］

If a transformation applies to a structure of the form

$[_S \dots [_A \dots]_A \dots]_S$

for any category A, then it must be so interpreted as to apply to the *maximal* phrase of the type A.

(Chomsky (1968: 43))

ここでは，AOAP を一般性の高い条件と捉え，A という種類の要素が A という要素を含んでいる場合，A を含んでいる大きな A に操作を適用しなければならないという制約であると考えます (Fukui (1999) を参照)。つまり，最も大きな A に操作を適用することが最も経済的であり，原理的には，局所性の制約である AOAP も計算の効率性に還元できる制約であります (Fukui (1999) を参照)。

　AOAP が併合操作を統制していることを議論するために，この原理がどのような制約なのかを，まず wh 移動を検討することで考えましょう。(17) では，which pictures を中心とした wh 句の中に who という wh 句が含まれています。(17a) では，wh 句である who を含んでいる最も大きな wh 句が移動しているため，AOAP に従っており，適格な文となります。一方で，(17b) では，which pictures に含まれている wh 句に移動が適用されているため，AOAP に違反することになります。

(17) a.　[Which pictures of [who]]₁ did you see t₁?

b. ??[Who]₁ did you see [which pictures of t₁]?

(Oka (1993: 104))

　併合操作におけるこのような AOAP の効果は，名詞句を修飾する付加部が，名詞句とは不連続的に右側に現れる外置において観察することができます。修飾する要素と修飾される要素は，構成素を成しており，通常，表面上連続して現れます。しかし，外置では，(18a) でのように，付加部が名詞句を修飾しているにもかかわらず，一見構成素を成していないように見えます。この問題を解決するために，Fox and Nissenbaum (1999) では，(18a) の文に対して (18b) のような派生を提案しています。(18b) では，名詞句である a painting がまず右側に移動し，付加部が移動した名詞句と併合します。また，名詞句が移動前の位置で発音されることにより，付加部と名詞句との不連続性を生み出します。

(18) a.　We saw a painting yesterday [by John].

b.

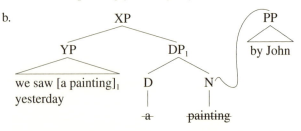

(Fox and Nissenbaum (1999: 134) を参照)

　それでは，外置に対するこの分析の観点から，併合における
AOAP の効果を見ていきましょう。付加部は，修飾できる名詞
が複数ある場合，外置されていない状態では，どの名詞に対して
も修飾することができます。つまり，(19a) の文では，付加部で
ある by three authors は，review を修飾することも book を修
飾することも可能です。しかし，(19b) 及び，(20) の文でのよ
うに，外置された付加部は，review を修飾することしかできま
せん。

(19) a.　A review of a book [by three authors] appeared last
　　　　　year.

　　　b.　A review of a book appeared last year [by three au-
　　　　　thors].　　　　　　　　　　　　(Akmajian (1975: 122))

(20)　I read a review of a book yesterday [by three authors].
　　　　　　　　　　　　　　　　　　　　　(Baltin (2006: 249))

Fox and Nissenbaum (1999) の提案をもとにすると，(20) の文
に対して (21) のような構造を想定することができます。(20)
の文において，付加部は review を修飾することができるため，
この名詞句とは併合することが可能であると考えられます。しか
し，付加部は book を修飾することは不可能であることから，こ
れらの要素間の併合は認可されないということになります。

(21)

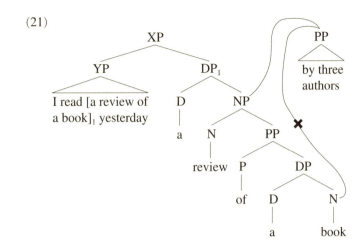

つまり，(19b) 及び，(20) の事実は，併合を適用することが
できる同種の要素が複数存在する場合，最も大きな要素に対して
適用しなければならないことを表しており，これは，まさに併合
における AOAP の効果であると考えられます。[8] AOAP は，(21)
における埋め込まれた名詞を対象にした併合を禁止する一方で，
NTC や PNC が許可しない (9)，(14)，(18b) での併合は認可し
ます。[9] よって，ここまでの事実では，併合は，局所性の制約で

---

[8] (19b) における事実を，AOAP の観点から捉える分析的可能性は，
Akmajian (1975) で述べられています。詳細は，Akmajian (1975) を参照。

[9] (19b) や (20) のような状況で，埋め込まれた名詞句もしくは，前置詞句
が単体で右方移動できた場合，AOAP を仮定したとしても付加部の併合は認
可されるため，付加部が埋め込まれた名詞を修飾できるという誤った予測と
なります。よって，何らかの理由でそのような移動は排除されなければなり
ません。

ある AOAP のような形で規定される計算の効率性の原則に制限を受けると考えることができます。[10, 11]

3.3. 併合に対する制約：今後の展望

前節では，2つの名詞が支配関係にある場合，支配している名詞に対してしか併合が適用できないことを示す事実を見ました。しかし，現在までの研究で，このような併合に対する AOAP の効果が必ず観察されるわけではないことが報告されています。(22a) 及び，(22b) の文では，2つの名詞が内包関係にあります。しかし，外置された付加部は，構造上低い名詞，つまり (22a) では bridge，(22b) では someone を修飾しています。

(22) a. The construction of a bridge was proposed which would span the Delaware River.

(Guéron (1980: 647))

---

[10] 併合に対する同種の局所性の制約は，Stanton (2016) においても提案されています。

[11] (19b) と対照的に (19a) では，付加部である by three authors は，review と book の両方を修飾することができます。これは，(19a) では，主語の名詞句を構築していく過程で付加部を導入するタイミングが2つあるためであると考えられます。構造上 book しかない段階で by three authors を導入すれば，book を修飾することになります。また，review of a book まで構造構築が進んでから by three authors を導入すれば，review を修飾することになります。一方で，(19b) では，a review of a book が完成した後に by three authors が導入されるので，AOAP により review としか非循環的併合を行うことができなくなります。

b. ?We looked at a house owned by someone yesterday
who teaches at UCLA.　　　(Fox (2017: 13))

よって，これらの文を生成するには，(21) で禁止した併合を想定しなければなりません。

　再構築効果と付加部の名詞句からの外置をもとに，計算の効率性の表れとしての併合の制約を，NTC，PNC，AOAP へと改訂してきましたが，これらの理論では，(22) の文の文法性を捉えることはできません。しかし，1 節で触れた科学及び，生成文法の歴史からすれば，これは必ずしも悲観すべきことではありません。Chomsky が述べているように，既存の理論から予測されない現象から重要な発見が生まれることがこれまでもあり，(22) のような事実をも説明できる理論の構築が，私たちの言語機能の解明につながっていく可能性があります。ここでは最後に，そのような試みの 1 つとして，今まで議論してきた条件とは違った併合に対する制約を考えてみたいと思います。

　(13b) での wh 移動のデータで見たように，名前を表す名詞句が移動した要素を修飾する付加部の中にある場合，再構築効果は観察されません。これは，(23a) の話題化 (topicalization) による移動でも同様です。しかし，(23b) でのように，動詞句が話題化により移動した場合，その動詞の目的語である名詞句を修飾する付加詞の中に名前を表す名詞句があっても，再構築効果は観察されます。

(23) a.　[The students [that John_i taught]]_1, he_i said Mary
　　　　　criticized t_1.

　　b.　*[Criticize a student [that John_i taught]]_1, he_i said
　　　　　Mary did t_1.　　　　　　　　(Takano (1995: 331–332))

　(13b) での再構築効果の欠如は，移動した要素に対する付加部
の非循環的併合により説明できることを 3.2 節で見ました。この
分析のもとでは，(23b) の非文法性は，(24) に記されているよ
うに，動詞句の移動後に付加部が目的語の名詞に併合することが
不可能であることを示していると考えることができます。

(24)

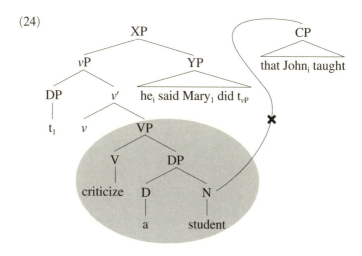

それでは，なぜこのような併合は認可されないのでしょうか。
(12) で見たように，位相での構造構築が終了した時点で，その
位相の主要部の補部は，計算の効率性のため，以降の計算には参

与できないと想定されています。*v*P は，位相であると考えられています（Chomsky（2000）等を参照）。(24) での併合は，*v*P レベルでの構造構築が終了した後に，以降の計算に参与できない領域内にある要素に対して併合を適用しようとしています。よって，(23b) の非文法性は，併合に対する制約を位相をもとにして規定できる可能性を示唆しています。ここで取り上げた例では，(23b) を除いてすべて，名詞句または，その一部が移動した後に移動した要素に対して併合を適用しています。名詞句は位相でないと考えると，上述のような制約を仮定しても，(22) を含めたすべての状況で併合を正しく認可することができます。[12]

　(23b) の非文法性に対しては，いくつかの説明があります（Takahashi（2010）及び，Takano（1995）等を参照）。よって，より多くのデータをもとにそれらの説明を検討することなしには，ここでの分析の妥当性を主張することはできませんが，今後の研究の端緒になることを願い，計算の効率化を可能にする位相をもとにした併合の制約の可能性を記します。

---

[12] 仮にこのような制約が妥当であったとしても，(19b) 及び，(20) において，含まれている名詞に対する併合が許されないことの理由は，解決すべき問題として残ります。

　さらに，(22b) の前置詞 at の補部の名詞句内には，someone を計算の対象から外すような位相は存在しないと想定しなければなりません。Fox（2017）では，そのような想定に問題となるデータも議論されており，また，本章で検討した併合の制約とは異なる制約が提案されています。詳細は，Fox（2017）を参照。

4.　おわりに

　本章では，データの考察と理論の精緻化を相互作用的に継続して遂行していくことを生成文法研究における課題としました。また，現状でのこの課題の困難さの一端を，併合に対する制約の定式化を通して考えました。人間の言語機能の解明という大きな目標に向かって，力を合わせてこの課題に取り組んでいくことが，今後さらに重要になると思います。

参考文献

Akmajian, Adrian (1975) "More Evidence for an NP Cycle," *Linguistic Inquiry* 6, 115-129.

Baltin, Mark (2006) "Extraposition," *The Blackwell Companion to Syntax: Volume II*, ed. by Martin Everaert and Henk van Riemsdijk, 237-271, Blackwell, Oxford.

Berwick, Robert C. and Noam Chomsky (2016) *Why Only Us: Language and Evolution*, MIT Press, Cambridge, MA.

Chomsky, Noam (1968) *Language and Mind*, Harcourt, Brace & World, New York.

Chomsky, Noam (1973) "Conditions on Transformations," *A Festschrift for Morris Halle*, ed. by Stephen R. Anderson and Paul Kiparsky, 232-286, Holt, Rinehart and Winston, New York.

Chomsky, Noam (1993) "A Minimalist Program for Linguistic Theory," *The View from Building 20: Essays in Linguistics in Honor of Sylvain Bromberger*, ed. by Kenneth Hale and Samuel Jay Keyser, 1-52, MIT Press, Cambridge, MA.

Chomsky, Noam (2000) "Minimalist Inquiries: The Framework," *Step by Step: Essays on Minimalist Syntax in Honor of Howard Lasnik*, ed. by Roger Martin, David Michaels and Juan Uriagereka, 89–155, MIT Press, Cambridge, MA.

Chomsky, Noam (2004) "Beyond Explanatory Adequacy," *Structures and Beyond: The Cartography of Syntactic Structures, Volume 3*, ed. by Adriana Belletti, 104–131, Oxford University Press, New York.

Chomsky, Noam (2013) "Problems of Projection," *Lingua* 130, 33–49.

Fox, Danny (1999) "Reconstruction, Binding Theory, and the Interpretation of Chains," *Linguistic Inquiry* 30, 157–196.

Fox, Danny (2017) "Embedded Late Merge and the Theory of Displacement," ms., MIT.

Fox, Danny and Jon Nissenbaum (1999) "Extraposition and Scope: A Case for Overt QR," *Proceedings of WCCFL 18*, 132–144.

Freidin, Robert (1986) "Fundamental Issues in the Theory of Binding," *Studies in the Acquisition of Anaphora: Vol. 1, Defining the Constraints*, ed. by Barbara Lust, 151–188, Reidel, Dordrecht.

Fukui, Naoki (1999) "An A-over-A Perspective on Locality," *Linguistics: In Search of the Human Mind: A Festschrift for Kazuko Inoue*, ed. by Masatake Muraki and Enoch Iwamoto, 109–129, Kaitakusha, Tokyo.

Guéron, Jacqueline (1980) "On the Syntax and Semantics of PP Extraposition," *Linguistic Inquiry* 11, 637–678.

Lebeaux, David (1988) *Language Acquisition and the Form of Grammar*, Doctoral dissertation, University of Massachusetts, Amherst.

Oka, Toshifusa (1993) *Minimalism in Syntactic Derivation*, Doctoral dissertation, MIT.

Safir, Ken. (2015) "The A-/Ā-distinction as an Epiphenomenon," ms., Rutgers University.

Stanton, Juliet (2016) "Wholesale Late Merger in Ā-movement: Evidence from Preposition Stranding," *Linguistic Inquiry* 47, 89-126.

Takahashi, Shoichi (2010) "The Hidden Side of Clausal Complements," *Natural Language & Linguistic Theory* 28, 343-380.

Takahashi, Shoichi and Sarah Hulsey (2009) "Wholesale Late Merger: Beyond the A/Ā Distinction," *Linguistic Inquiry* 40, 387-426.

Takano, Yuji (1995) "Predicate Fronting and Internal Subjects," *Linguistic Inquiry* 26, 327-340.

第 7 章

認知言語学の課題
—文化解釈の沃野—[*]

大堀　壽夫

東京大学

1.　序論

　言語研究は多様な面をもっています。私事ですが，言語学に関心をもって学び始めたころは，「1 つの言語学」があると特に思慮もなく思っていました。事実，1980 年代初期には，言語学会があるほかは，英語や日本語など各言語ごとの学会が少数あるだけでした。現在では認知言語学会も含め，専門化された学会が数多くあります。これは言語学全般が盛んになったとともに，分野

---

　[*] 本章のもととなった，東京言語研究所開設 50 周年記念セミナーでは，多くの聴衆の方々とともに，統括コメントを担当された上野善道，大津由紀雄の両氏から貴重なフィードバックをいただきました。認知言語学はしばしば生成文法との対比で語られるにもかかわらず，議論が噛み合わないことが多いと言われますが，本章は，その根本の部分を見えやすい形で示したというご意見をいただきました。ここに感謝申し上げます。

の多様性・複数性が認識されてきたからでしょう。本章では，このような展開をふまえ，認知言語学をさらに生かすにはどのような取り組みが可能かを考えたいと思います。

　ここでの中心となる主張は，学問的な作業には（科学的）説明／方法によるものと，（人間的）理解／真理を求めるものがあり，言語研究は両方の側面をもちうるということです。認知言語学はこれら両方に取り組むことが望ましく，またそれは可能であると考えます。

　以下，2 節では認知言語学の展開についてまとめます。3 節では（人間的）理解／真理を求める解釈学的言語学について考えます。4 節では具体的な考察の方向性を——限られた範囲においてではありますが——見ていきます。5 節は結語です。

2.　認知言語学の過去・現在・未来

　認知言語学——より広くは認知・機能言語学（トマセロ (1998)）——は 1980 年代後半から知られるようになりました。それは意味と形の結びつきを，言語をとりまく諸条件（身体的，心理的，文化的）との関連のもとに，すなわち動機づけを考えつつ研究する作業です。以下，認知言語学の展開を見てみましょう。

　(a)　過去：　認知言語学の源流は複数あります。北米ではその 1 つとして，特にボアズとサピアに始まるアメリカの文化人類学があります。人は物質的な世界だけでなく，意味の世界（あるい

は文化の世界）に同時に住んでいる。言語はそのような世界の産物であると共に，人間文化の媒介をなす——こうした文化人類学の基本的な考えは，現代の認知言語学にも共有されています。同時に，普遍性と個別性という人類学の問題意識は，さまざまに形を変えて言語学でも繰り返し現れています。認知言語学のより直接的な源としては，1970年代後半に形をとり始めた認知科学（特に認知心理学と人工知能）をあげることができますが，以下の議論では文化人類学との連関に重点をおいていきます。

　(b) 現在：　認知言語学では，複数の共通点や重なりをもったアプローチが共存しています。それらの全部を統合するような「大統一理論」が作られる見通しは当面ありませんが，一定の共通理解はできていて，各理論のもとで活発に研究が行われているのが現状です。個々の理論間では，「こちらの理論でいう X は，あちらの理論でいう Y にほぼ相当し，このような点については若干異なる」といった把握が，専門的研究者の間ではおおむねされていると思われます。たとえば，レイコフ流の認知意味論でいうプロトタイプは，ラネカー流の認知文法ではスキーマがデフォルト的に具体化したものに対応する，といった関係づけです。

　方法面では，研究者自身の内省的直観による文の適格性・解釈可能性判断が多用されてきました。しかし最近では，(i) アンケート調査，(ii) 心理学的実験，(iii) コーパス利用，(iv) シミュレーションモデル，等のより客観的な研究方法を導入した研究が増えています（中本・李 (2011)，藤村・滝沢 (2011)）。この点

は他の言語理論と同様です。その一方，認知言語学は文法を論じ
る場合でも，one form, one meaning の作業原則に立って，意味
上の微妙な相違に注目するため，内省的直観はやはり有効利用す
べきであると思います。ボリンジャーに代表されるような（ボリ
ンジャー (1977)），職人芸的な直観から得られる，明敏で魅力
的な洞察は今なお認知言語学における貴重な資産です。

　(c) 未来：　もちろん予断はできません。しかし認知言語学的
な関心から得られた事実や洞察の蓄積は残るでしょう。また，さ
まざまな分析上の概念は，より広い範囲の言語研究のツールキッ
トとして――時に換骨奪胎され，改称されつつも――継承されるこ
とでしょう。プロトタイプ，フレーム，メタファー，概念融合，
イメージ・スキーマ，事象構造，頻度効果，構文的意味，概念地
図／階層，等はそうした候補です。とはいえ，今後は言語学とい
う学問自体が変容していくと予想されます。単に認知言語学の未
来を心配するよりも，社会との関わりも含めて，言語に関わる研
究全般の将来像を考えるほうが実りがあるはずです。

3.　解釈学的言語学

　通常科学としての言語学は，現実の観測，データ処理，帰納的
仮説構築，モデル化，演繹的予測，実証と反証，といった標準的
な手続きをとります。けれども，これと共に研究によって得られ
た産物の意味を問う作業にも注意したく思います。それは科学的

事実の文脈化とも呼ぶべき作業です。本節の議論は，吉川（2015）
による進化論についての考察から示唆を受けています。この本で
は，進化生物学が普遍的説明方法と歴史的偶発性を共に有すると
いう観点から，進化の事実の意味づけをめぐって哲学的思索が行
われています。以下はこの観点の言語学への一種の応用です。

　科学において「意味を問う」作業はいくつかの段階，あるいは
次元が考えられます。それらを整理してみましょう。なお，研究
論文における「ディスカッション」も，事実と理論を照らし合わ
せて意味を問うことには違いありませんが，これは通常科学に
とって自明ですので，ここでは章節を立てて論じることはしませ
ん。

　(a) 世界観の提供：　科学的探究によって得られた知識は，し
ばしばある世界観（自然観，人間観，等）を日常世界へと送り返
します。すなわち研究成果が一般人の世界の理解の仕方に与える
影響です。これは比喩的な理解をされることがあり，時にはもと
の研究者が良しとしないような副次的な誤解が生じることもあり
ます。

　いくつか例を挙げると，たとえば物理学が描き出す宇宙の誕生
から終焉までのモデルは，人々に壮大なスケールの無常観を教え
るかもしれません（もちろん，そんなことは自分に関わりがない
という人もいるでしょうが）。また，生物学でいう「利己的な遺
伝子」の概念からは，人とは根本的に利己的なものだという人間
観が導かれることが時にあります（ただし，これは不当な誤解の

一例です）。言語学で言えば，生成文法が解明する精緻をきわめた文法知識が生得的・普遍的なものだという知見は，bon sens（良識・理性）は万人にあまねく分け与えられたものだ，というデカルト的人間観を人々に見せます（その上で，そうした人間観を批判的に検討することもできるでしょう）。認知言語学が示す，捉え方すなわち事態把握の重要性は，「人間が経験する現実は一面的なものではなく，見方によって相貌を変える」という考え，もっと言えば「意味はそこにあるのではなく，世界とのつながりの中で創り出されるものだ」という人間観を提示するかもしれません。

（b）文化的解釈：　研究対象が特に人間の営みや社会の動きである場合，その意味や意図を研究者が再構築する，すなわち解釈の作業が研究の一角を占めることがあります。言語との関わりでいうと，古文書研究，ひいては文献学は代表的な例です。それは「勝手読み」が許されるものではなく，データの扱いの厳密さにおいては他の科学に匹敵すると言ってよいでしょう。そうして客観的に確立された諸条件の制約のもとに，事実の意味づけが行われ，豊かなテクスト世界が再構築されることになります。このような作業を，文化的解釈と呼ぶことにします。その元祖である，解釈学の立場を代表する宣言を引用しましょう。「私たちの行為は，いつでも，他の人格を了解することを前提としている。人間の幸福の大部分は，他人の心境を感じとることに起因する。文献学的で歴史的な学問全体は，一個の人間に対するこのような了解

のしかたが，たんに主観的なものでなく，客観性にまで高められ
うる，という前提に基づいている。ここで培われる歴史的意識ゆ
えに，現代の人間が人類の過去全体を現にみずからのうちに保持
することも，可能なのである。現代人は，おのが時代のあらゆる
制約をこえて，過去の文化を見る。その過去の文化の力をみずか
らのうちに受けいれ，その魔力を味わう」（ディルタイ（1973:
7-8））。このような観点から（人間的）理解／真理の試みとして
言語の意味を問うこと——これが本章の一般的レベルでの主張・
提案です。

　もう1つ例を見ましょう。考古学・人類学の調査で，ある遺
跡の発掘が行われたとします。そこでは十分な精密さをもった
「科学的」方法によって，過去のある人間集団の物理的な側面——
遺されたものの年代，素材，生物の化石ならその解剖学的情報ま
で——の再構築はできるでしょう。しかし，たとえば人骨の周囲
に散らばっていた草花の跡を前に，それが集団の中でどのような
意図をもって使われたかを知ろうとすることは，時間・空間的に
離れた他者の心の中に入り込む，解釈的行為となります（それは
葬儀のための飾りだったのか？）。この部分の再構築は，慎重な
手続きをとることが求められつつも，いま・こことは違う世界を
意味づける行為だからです。

　ただし，解釈学がほんとうに「客観性にまで高められうる」か
どうかは疑問の余地があります。吉川（2015）は，解釈学は自然
科学的方法と異なる学問的方法の確立を試みたが，必ずしもそれ

は成功しなかったとしています。そして（科学的）説明／方法による通常科学と並立するような客観的「方法」が（人間的）理解／真理のためにあるというより，「学問とは『方法』にもとづいて『説明』を行う知の総体である。とはいえ，その方法はひとつではない。そこには家族的類似によってゆるくつながった諸『方法』があるのであり，そうした諸方法の集合を私たちは学問と呼び，それによってもたらされるものを学問的（科学的）知識と呼ぶのである。いわゆる理系の学問も文系の学問も … 方法によって物事を説明するという点では同じく学問＝科学である。言い換えれば，非方法的な知識の探究は学問＝科学にならない」（吉川（2015: 354））と述べます。

じっさい，言語を対象としてはいても，（人間的）理解／真理を求める解釈学的な観点からの研究は，主に哲学者，文学者，人類学者といった，通常科学とは異なる位置に立つ研究者たちが担ってきました（次節参照）。言語学はこうした方向から距離を置くことで，自立した科学として自らを規定してきた面があります。現在では，個別の分析の仕方について議論がかわされることはあっても，言語学が「方法的な知識の探究」であることが否定されることはもはやないと思われます。むしろ，それだからこそ，今あらためて解釈学的な問題設定を言語学研究の一環としてすることができるのではないだろうかと考えるのです。

　(c) 個人的解釈：　科学とは一般化であり，法則性の探究です。それは個人を捨象することで成り立ちます。特定個人が「その時

何を思ったか？」に入り込むことは（科学的）説明／方法による言語学の埒外であることは言うまでもありません。個人は統計的な平均値または代表値に対する，何らかの偏差として認識されるだけです。

　ある状況で個人が何を思ったかを解釈する試みは，質的分析の一種です。この観点からの研究は，話者の個性や個人史に目を向ける試みとなり，談話分析におけるライフ・ヒストリーやオーラル・ヒストリーの範疇に入ります（たとえば佐藤・秦（2013），心理療法との関連では小森他（1999））。それは言うなれば「一語一会」の言語学（正確には言語「科学」ではなくなりますが）と言えるでしょう。

　これらの見方のうち，(a) 世界観の提供はどんな学問にもついてまわります。本章の観点からより重要なのは，(b) 文化的解釈と (c) 個人的解釈です。意味現象を対象とする学問では，（科学的）説明／方法と（人間的）理解／真理がしばしば意識されぬまま共存します。前者による言語研究を「理論言語学」または「言語科学」と呼ぶなら，ここで打ち出したいのは，後者の関心を追う「解釈言語学」を対置しようとする企図です。これは (b) のように集団で共有された意味を問う場合であれ，(c) のようにその意味現象が当該言語の使用者の（そして研究者自身の）生活・人生にとってどのような（歴史的）意味をもつのかを問う場合であれ同様です。理論言語学と解釈言語学は，どちらも言語の探究として有意義であるはずです。実際の研究では，両者は明瞭に区別

されるというより，エッシャーの意匠のようにいつの間にか推移していることもあると思います。

　言語学の中でも，意味論，語用論，社会言語学，談話分析は，特に解釈学的実践を行いうる分野です。認知言語学は理論言語学と解釈言語学の二重性をもちます。一方，生成文法にはそうした二重性はありません。なぜなら生成文法は科学以外の何物にもなりえないからです。このことは普通あまり意識されませんが，ここで関心を喚起したく思います。

4.　文化のキーワード

4.1.　背景

　解釈学的言語学の1つの実践として，ここでは単語の文化的意味を考えます。語の意味の分析・記述は言うまでもなく言語学の分野の1つです。理論言語学にとって，語とは音韻，統語，そして意味に関する情報が結節するインターフェイスです。だが同時に，語彙はサピアの言葉を借りれば "a very sensitive index of the culture of a people"（ある人間集団の文化を表す非常に精度の高い指標）(Sapir (1949: 27)) でもあります。本節では，ある文化の価値観，美意識，世界観などを反映する語，特に歴史を通じて広く使われてきた語を文化のキーワードと定義し，その事例を見ます。そこには文化的特徴をもつことが見えやすいものと，一見したところその言語固有には見えないけれども，実際に

は他の言語とはかなり違った意味合いをもつものと，両方が含まれます。どちらにせよ，文化のキーワードを，認知言語学を含む現代言語学の方法を導入して分析・解釈すること——これが本章の具体的レベルでの主張・提案です。

　認知言語学の意味論では，いわゆる百科事典的知識，すなわち現実世界の物事についての知識が，フレームやプロトタイプを通じて語の意味の一部として組み入れられています。語の意味を社会・文化的文脈の中でとらえるという点で，認知言語学のアプローチは上記（b）段階の文化的解釈に接続します。ここから，ある時代（もしくはテキスト）に生きる人々がどのように世界を経験しているかを明らかにすることになります。これは正に文化のキーワード研究の中心的課題です。

　こうした研究はこれまでさまざまな分野で独立に行われてきました。具体的な成果としては，英語文脈ではヨーロッパ人文学の伝統に立つ Lewis（1967）を挙げることができます。日本では哲学者・九鬼周造（1930）による『「いき」の構造』が著名です。一部を引用しましょう。「要するに，『いき』という存在様態において，『媚態』は，武士道の理想主義に基づく『意気地』と，仏教の非現実性を背景とする『諦め』とによって，存在完成にまで限定されるのである。それ故に，『いき』は媚態の『すい』である。『いき』は安価なる現実の提立を無視し，実生活に大胆なる括弧を施し，超然として中和の空気を吸いながら，無目的なまた無関心な自律的遊戯をしている。一言にしていえば，媚態のための媚

態である。恋の真剣と妄執とは，その現実性とその非可能性によって『いき』の存在に悖る」（九鬼 (1979: 28)）

　ここまで来ると（科学的）説明／方法による言語学の範疇を越えているのは確かです。しかし，このような方向に進むことを非とせず邪とせず，語の意味論から言語文化の解釈学——ギアーツ (1973) 的な意味での「厚い記述 (thick description)」——へと連続する道筋を作ることは不可能ではないと考えます。

4.2.　より新しい言語学的研究

　比較的最近では，ヴィエルジュビツカが一連の研究を通じて (Wierzbicka (1997, 2006))，文化のキーワードへの認知言語学的なアプローチを実践しています。たとえば 1997 年の著作では，比較文化的な観点を導入しつつ，5 つの言語について事例研究を行っています。日本語については「甘え」，「遠慮」，「和」，「恩」，「義理」，「精神」，「思いやり」を取り上げています。ヴィエルジュビツカはまた，感情に関連する概念の通言語学的研究も行っています (Wierzbicka (1999)，Harkins and Wierzbicka (2002))。感情という語のカバーする範囲は大変広く，他の動物にもあるような，生物学的な性質の強いものから，人間以外の動物では明確に認められるか疑問であるような，社会的な性質の強いものまで色々です。一部の感情は，文化に深く根ざしたキーワードと見られることもあります。たとえば，ベネディクト (1946) は『菊と刀』の中で日本文化における「恥」を西洋の「罪」と対比させて

論じました。この本は日本語についての直接の知識なしに書かれたものですが，それは日本の国運に重大な影響を与えたのです（彼女の博士課程の指導教授はボアズでした）。

　語の意味を掘り下げて解釈するやり方は，いわゆる批判的思考の養成にもつながります。たとえば「改革」や「国際化」という語は現代日本の「文化のキーワード」とみなすことができるでしょう。政治性をはらんだ言語使用（ほぼ全ての公的談話はこの性質をもちます）において，人々の現実認識が形成され，色付けされる仕掛けを解釈的アプローチによって明らかにすることは，市民としての「装備」となるでしょう（「共生」をめぐる言説の批判的・解釈学的分析としては植田・山下（2011）が注目すべき研究です）。こうした活動と認知言語学との間に懸隔があるのは確かですが，両者を繋ごうとする精神の運動を求めたいと思います。

　ヴィエルジュビツカは内省による判断の他に，二次資料，母語話者への聴き取り，小規模なコーパス調査に基づいて，単語と結びついた認知と行動のスクリプトを定式化するアプローチをとっています。彼女の研究では，Natural Semantic Metalanguage（NSM）と呼ばれる，ごく少数の基本概念を表す語を組み合わせて複雑な内容を表現する記述方法が用いられています。

4.3.　単語の意味を詳しく見る

　以下に，解釈言語学のごく小規模な試行を行いたいと思います。

精細な研究成果の報告というよりは，段階を追った予備調査とお考えください。

　1）辞書を見る：　これは中高生でもできます。よく「○○とは？」という問いに対して，『広辞苑』では … と答えることからエッセイなどを書き始める，一種のトポスが日本語の談話では見られます。これは『広辞苑』などの大型辞典が一種の権威となっているからでしょうが，権威に絡めとられる必要はありません。たとえば「公平」とはどういうことだろう？と思って辞書を見ると（今この文章を書いている PC に乗せてある『大辞林　第三版』を参照します），「かたよることなく，すべてを同等に扱う・こと（さま）。主観を交えない・こと（さま）」とあります。そして「公正」との違いを知りたいと思って同じく辞書を見ると，「かたよりなく平等であること。公平で正しいこと。また，そのさま」とあります。微妙な違いを捉える，その手がかりがありそうにも思えますが，物足りない印象のほうが強いでしょう。これは文化のキーワード研究の最初の段階として，物足りない部分をどうやって詳しくしていくかを確かめる作業と言えます。

　2）言語を比較する：　これも外国語がある程度理解できれば，専門家でなくても第一歩を踏み出すことはできます。上では「公平」という語に注目しました。これは英語では fair に対応すると思われます。しかしこの単語を詳細に分析したヴィエルジュビツカによれば，fair にはかなり英語文化に固有の意味合いがあるとのことです（Wierzbicka (2006)）。この研究では，たとえばフラ

ンス語には fair に対応する語がなく，フランス語で書かれた発達心理学の研究が英語に翻訳されたとき，原文で just（英語のjust と同語源）とある部分が英訳では fair になっていたことが報告されています。私も気になって，英語のよくできるドイツ人に英語でいう fair はドイツ語で何というのか訪ねたところ，少ししてから「fair」という答えが返ってきました。つまり，英語からの外来語がそのまま使われるということなのだそうです（少数の人に訪ねただけですので，挿話にとどまりますが）。

　3）コーパスを見る：　この段階になると，少しずつ専門的な作業になってきます。とはいえ，コーパスすなわち大規模言語データベースも今では PC からインターネット経由で利用することもでき，昔に比べれば敷居はずっと低くなっています。日本語であれば，国立国語研究所が公開している BCCWJ（Balanced Corpus of Contemporary Written Japanese）が利用可能ですし，新聞に限れば全文検索が可能な環境も存在します。英語ではそれより以前から BNC（British National Corpus）が公開されています。

　コーパスの初歩的な利用法として，頻度調査があります。BCCWJ と BNC はどちらも均衡化コーパスとして作られています。つまり，ある期間におけるあらゆる出版物のジャンル別の内訳比率を保ちつつ，1億語のサイズに収めています（BNC は約10% の口語データを含みますが）。そのため，これらのコーパスにおける出現頻度は，ある程度までその言語全体の趨勢を反映す

ると考えられます。BCCWJ によれば，「公平」は 1789 例，「公正」は 2309 例です。私は後者のほうがあらたまった感じがして，頻度が低いと予想していたので，ちょっと意外な結果でした。一方，BNC では fair は 8857 例で，「公平」や「公正」よりもかなり頻度が高くなっています。もっとも，英語の fair には「公平」に対応する意味以外の用例が含まれるため（手元の辞書を見てください），本格的な調査のためには，全用例を文字通り手作業でチェックする必要があります。それでも，英語コーパスの用例数がここまで多いと，なるほど英語文化では fair という単語およびそれが表わす概念が広く根付いていると思われます。

　ちなみに，これはヴィエルジュビツカも指摘していることですが，fair という単語は否定文脈での使用が目立ちます。私自身，アメリカにいたときに街中で周囲の人たちがかわしていた会話や，テレビのインタビューなどで，老若男女を問わず多くの人が "that's not fair" と言うのを聞いてそうした印象を持ちました。ヴィエルジュビツカ自身はこの点についてコーパス調査はしていないので，BNC で検索したところ，次の結果が出ました。

表 1　fair の肯定・否定

that's fair	103			
it's fair	88			
that's not fair	87	that's unfair	6	（計 93）
it's not fair	148	it's unfair	39	（計 187）

fair の否定は not fair と unfair の二通りが可能なので，それぞれを数えました。that's で始まる用例は，肯定 103 に対して否定 93, it's で始まる用例は，肯定 88 に対して否定 187 でした。that's で始まる場合は肯定のほうがまだ多いのですが，it's で始まる場合は否定のほうが多くなっています。総計すると，肯定 191 に対して否定 280 です。否定というのは，常識的に考えると過半数の頻度で現れるとは想定しにくいので，これはかなり偏った値です。つまり（これはヴィエルジュビツカの見解ですが）fair という概念が言葉に表されて重要性をもつ機会とは，それが破られていると思われる時であり，利害関係があるべき状態になっていないこと（より正確にはそうした主観）の訴えを行う時と考えられます。

　コーパス検索では，単語の前後の文脈をさまざまな条件つきで見ることもできます。たとえば，日本語の「やさしい（優しい）」に対応する英語の単語は何通りもありますが，gentle を挙げたくなる人は少なくないと思います。BNC で「gentle の直後に来る名詞を検索」という指定をすると，頻度順にリストが出ます。トップテンを見ると，touch 35, breeze 29, heat 26, smile 25, voice 24, man 23, persuasion 22, pressure 20, curve 17, exercise 17 です。breeze, heat, curve は人間を描写するものではなく，この点で日本語の「優しい」とはずれがあります。10 位以下でも slope が複数（17）と単数（14）を合わせると計 31 例となり，実質 2 位です。ここからわかるのは，gentle は人間の

感情的な「優しさ」というより，自然現象を含めた程度の穏やかさという意味をもつということです。実際，こうした情報は英英辞典にも記されており，中級以上の英語学習では気をつけたい点です。

　4）計量解析を行う：　最近では，コーパスを検索するだけでなく，個々の用例をより精細に分析し，各種の意味的特徴のまとまり具合や偏りを定量的な分析方法によって明らかにする研究が出ています。英語と米語の shame と guilt，およびそれらに対応すると思われるポーランド語の単語を扱った興味深い研究として，Krawczak（2014, 2015）があります。これらの論文で，著者はコーパスから抽出した文脈つきの用例に細かくタグ付けを行った上で，統計手法を駆使してそれぞれの語を特徴づけています。この情報をもとに，用例の分布の偏りを統計処理した上で見ていくことで，それぞれの言語文化で感情を表わす語のより細かい特性が浮き彫りになります。この研究によれば，ポーランド語で guilt に（おおよそ）対応する語は英米語と比べて意味特徴の分布のきわだった相違はないが，shame に（おおよそ）対応する語は社会的な不安や人との関わり方の失敗といった特徴との相関が強いとのことです。著者はこの点について，ポーランド社会は農村共同体的な性格がまだ残っているからではないかと推測しています。この段階になると，かなり専門的なスキルが必要になりますが，それ以上に，洞察力のある分析をするためには，意味特徴の設定などについて，言語理論の習得が必要となります。

　ちなみに，日本語の「罪悪感」について BCCWJ を検索する
と，391 例見つかります。統計的な分析は今後の課題ですが，た
とえば英語の sense of guilt とどの程度類似しているかを，意味
タグをつけて分布の比較をすることは興味深い方向性の 1 つだ
と思います。ベネディクトは罪の文化と恥の文化を対比して，後
者を日本文化と結びつけたとされていますが，実際に日本語の話
し手によって産出された文章の中で，これらの概念がどのように
言語として表わされているかを詳しく分析することで，人々の慣
習的な感じ方・考え方がよりよく理解されるのではないかと思い
ます。

5.　結論

　認知言語学の課題は，言うまでもなくたくさんあります。本章
では，認知言語学を生かす方法の 1 つとして，解釈学的言語学
——言語活動の社会・文化的意味および個人的意味の理解——の可
能性について論じました。そして具体的実践として，文化のキー
ワードに注目し，（科学的）説明／方法による理論言語学的アプ
ローチと，（人間的）理解／真理を求める解釈言語学的アプロー
チの共存あるいは並行を示しました。初歩的な方法から専門的な
方法まで，単語の文化的意味の調査にはさまざまな段階がありま
すが，専門的な研究にたずさわる言語学者でなくても，注意の向
け方を工夫することで，文化をよりよく知ると同時に，メディア

などにおける言葉の影響力に対する注意・警戒も高まるのではないかと思います。解釈言語学という作業は現時点ではリサーチ・プログラムにとどまりますが，そのような取り組みを発展させることで，社会に開かれた言語研究のための一助となればと願います。もちろん，データと真摯に向き合う姿勢はどのようなアプローチをとる場合でも不可欠です。認知言語学を実践する者は，方法論的な自覚の明確化とともに，研究対象である言語テキストに対する感覚を鋭敏にする――現実には終わることのない――努力を積んでいくことが重要になる と思います。

使用コーパス

BCCWJ　http://pj.ninjal.ac.jp/corpus_center/bccwj/
BNC-BYU　http://corpus.byu.edu/

参考文献

ベネディクト，R.（1946；邦訳1948；講談社学術文庫版2005）『菊と刀』講談社，東京.

ボリンジャー，D.（1977；邦訳1981）『意味と形』こびあん書房，東京.

ディルタイ，W.（1900；邦訳1973）『解釈学の成立』以文社 .

藤村逸子・滝沢直宏（編）（2011）『言語研究の技法――データの収集と分析』ひつじ書房，東京.

ギアーツ，C.（1973；邦訳1987）『文化の解釈学』I, II，岩波書店，東京.

Harkins, J. and A. Wierzbicka, eds. (2002) *Emotions in Crosslinguistic Perspective*, Mouton de Gruyter, Berlin.

小森康永・野口裕二・野村直樹（編）（1999）『ナラティヴ・セラピーの世界』日本評論社，東京.

Krawczak, K. (2014) "Shame, Embarrassment and Guilt: Corpus Evidence for the Cross-Cultural Structure of Social Emotions," *Poznań Studies in Contemporary Linguistics* 50(4), 441–475.

Krawczak, K. (2015) "Negative Self-Evaluative Emotions from a Cross-Cultural Perspective A Case of 'Shame' and 'Guilt' in English and Polish, *Empirical Methods in Language Studies*, ed. by K. Kosecki and J. Badio, 117-136, Peter Lang, Frankfurt am Main.

九鬼周造（1930：文庫版 1979）『「いき」の構造　他二編』岩波書店，東京.

Lewis, C. S. (1967) *Studies in Words*, 2nd ed., Cambridge University Press, Cambridge.

中本敬子・李在鎬（編）（2011）『認知言語学研究の方法——内省・コーパス・実験』，辻幸夫（監修），ひつじ書房，東京.

Sapir, E. (1933；再録 1949) "Language,"*Selected Writings in Language, Culture, and Personality*, ed. by D. G. Mandelbaum, 7-32, UC Press, Berkeley.

佐藤彰・秦かおり（編）（2013）『ナラティブ研究の最前線——人は語ることで何をなすのか』ひつじ書房，東京.

トマセロ, M.（編集）（1998；邦訳 2011）『認知・機能言語学——言語構造への 10 のアプローチ』研究社，東京.

植田晃次・山下仁（編）（2011）『「共生」の内実——批判的社会言語学からの問い』三元社，東京.

Wierzbicka, A. (1997；抄訳 2009) *Understanding Cultures through their Keywords: English, Russian, Polish, German, and Japanese*, Oxford University Press, Oxford.『キーワードによる異文化理解——英語，ロシア語，ポーランド語，日本語の場合』而立書房，東京.

Wierzbicka, A. (1999) *Emotions across Languages and Cultures: Diversity and Universals*, Cambridge University Press, Cambridge.

Wierzbicka, A. (2006) *English: Meaning and Culture*, Oxford University Press, Oxford.

吉川浩満 (2015)『理不尽な進化——遺伝子と運のあいだ』朝日出版社，東京.

索　引

1. 日本語は五十音順で，英語（で始まるもの）は ABC 順で最後に一括して並べている。
2. ～は直前の見出し語を代用する。
3. 数字はページ数を示す。

ことばの科学

――東京言語研究所開設 50 周年記念セミナー――

2017 年 9 月 23 日　　第 1 版第 1 刷発行©

編　者　　西山佑司・杉岡洋子
発行者　　武村哲司
印刷所　　日之出印刷株式会社

〒113-0023　東京都文京区向丘 1-5-2
電話　（03）5842-8900（代表）
振替　00160-8-39587
http://www.kaitakusha.co.jp

発行所　　株式会社　開　拓　社

ISBN978-4-7589-2248-7　C3080